쇼펜하우어 인생수업 II

들어가며

『쇼펜하우어 인생수업』을 세상에 처음 내놓았을 때, 이렇게 많은 사랑을 받을 줄은 상상도 하지 못했습니다. 철학이라는 분야는 원래 조금 어렵고 멀게 느껴지기 쉽습니다. 특히 쇼펜하우어는 삶의 깊은 고민과 어두운 진실을 솔직하게 마주하도록 만드는 철학자이기에 더욱 그랬습니다. 하지만 예상과 달리, 독자 여러분은 이 책을 가슴 깊이 끌어안아 주었습니다. 여러분께서 이 책을 통해 자신의 삶을 새롭게 바라보게 되었다는 진솔한 이야기들은 제게 큰 감동을 주었습니다.

여러분이 전해주신 따뜻한 피드백과 질문 하나하나가 저를 더 깊은 성찰의 자리로 이끌었습니다. 덕분에 저 역시 더욱 단단하고 깊이 있는 철학적 여행을 할 수 있었습니다. 그리고 이렇게 독자 여러분의 응원과 지지에 힘입어 두 번째 이야기를 내놓게 되었습니다.

전편이 삶의 본질적 질문과 존재의 의미를 다루었다면, 이번 책에서는 우리가 매일 마주하는 실제 고민들에 쇼펜하우어의 철학을 더 가까이 적용해보려 합니다. 일상에서 겪는 구체적 문제와 갈등을 쇼펜하우어의 눈으로 들여다보면서, 어떻게 조금 더 현명하고 평온한 삶을 살아갈 수 있는지 함께 고민하고자 합니다.

삶이 언제나 간단하거나 가벼워지진 않습니다. 하지만 바로 그런 순간, 쇼펜하우어는 가장 깊고 따뜻한 위로를 건넵니다. 이 책이 다루는 이야기들은 모두 우리의 일상 속 고민, 갈등, 그리고 희망에 대한 이야기입니다. 쇼펜하우어와 함께 여러분의 일상을 다시 바라보고, 새로운 평화와 지혜를 얻어가시길 바랍니다.

이 책이 많은 사랑을 받는다는 건 여전히 우리 시대가 깊고 따뜻한 통찰을 필요로 한다는 뜻일 것입니다. 이번 여정 역시 독자 여러분과 함께할 수 있어 진심으로 기쁩니다. 이 책이 당신의 삶을 조금 더 따뜻하고 지혜롭게 만드는 소중한 계기가 되기를 바랍니다. 감사합니다.

차례

들어가며 ⋯ 05

1장 "인생과 덕목"

01 **"누구나 두렵지만 용기는 선택이다"**
두려움이라는 공평함 ⋯ 16

02 **"나에게 달려 있는 것이 명예이다"**
명예로운 삶 ⋯ 19

03 **"오류는 이성을 속이고 환상은 이해력을 속인다"**
오류와 환상 ⋯ 22

04 **"지혜로운 사람은 자신의 악함을 감추고 어리석은 사람은 드러낸다"**
가장 위험한 사람 ⋯ 26

05 **"모든 생명은 다른 존재의 희생 위에서 생명을 이어간다"**
책임 있는 삶 ⋯ 30

06 **"풍요로운 정신은 자유와 여유가 필요하다"**
정신과 휴식 ⋯ 34

07 **"철학이 추상적인 개념만을 다루면 삶에서 멀어진다"**
철학의 의미 ⋯ 38

08 **"망설임은 생각이 깊어서가 아니라 두려움이 깊어서 생긴다"**
망설임의 이유 ⋯ 41

09 **"유쾌함이란 행복을 사는 화폐다"**
고통의 마취제 ⋯ 44

10 **"재산보다 큰 자산은 건강이다"**
행복의 근본 ⋯ 47

11 **"고귀한 쾌락일수록 기쁨도 깊다"**
낮은 쾌락과 높은 쾌락 ⋯ 50

12 **"과도한 열정은 자극이 아니라 타락이다"**
열정의 역설 ⋯ 54

13   **"겪어본 사람이 궁핍을 덜 두려워한다"**
정신적인 강인함 … 57

14   **"절제가 없는 부는 곧 사라질 신기루다"**
부의 보호자 … 61

15   **"지혜가 성숙하려면 시간이라는 대가가 필요하다"**
지혜의 뿌리 … 64

16   **"육체의 크기는 멀어질수록 작아지고 정신의 크기는 멀어질수록 커진다"**
정신과 육체의 크기 … 67

17   **"이성은 미래를 비춰주는 등불이다"**
이성, 조용한 예언자 … 71

18   **"진정으로 뛰어난 자는 약점을 드러낼 줄 안다"**
위대한 사람의 특징 … 75

19   **"인생의 행동과 선택은 모두 습관이 결정한다"**
삶을 지배하는 보이지 않는 힘 … 78

20   **"조급한 일반화는 인생에 사라지지 않는 흉터를 남긴다"**
인생의 흉터 … 81

21   **"사람은 자신의 본성을 벗어날 수 없다"**
본성에 맞는 삶 … 85

2장   " 욕망과 관계 "

22 **"인간은 모두가 가면 뒤에서 산다"**
가면 속 진짜 모습 … 90

23 **"예의는 이기심을 감추는 위선에 불과하다"**
예의의 함정 … 93

24 **"탐욕은 모든 욕망이 모여드는 마지막 정류장이다"**
욕망과 탐욕 … 96

25 **"모든 결함은 한편으론 완벽하다"**
본성의 양면성 … 99

26 **"도덕적 타락과 지적 무능력은 본질적으로 다르다"**
통찰의 필요성 … 103

27 **"인간은 본질적으로 끔찍하게 야만적인 짐승이다"**
내제된 잔인성 … 106

28 **"나 없이는 세상이 존재할 수 없고 세상없이는 내가 존재할 수 없다"**
영원히 닿지 않는 거리 … 110

29 **"결코 채울 수 없는 단 하나, 그것이 인간의 욕망이다"**
채울 수 없는 그릇 … 114

30 **"잘못된 행동 그 자체보다 잘못을 알고도 하는 행동이 더 악질이다"**
도덕적 책임 … 117

31 **"가까워지면 가까워질수록 상처를 주는 것, 그것이 인간이다"**
고슴도치 딜레마 … 120

32 **"한번 무너진 신뢰는 돌아오지 않는다"**
신뢰의 중요성 … 124

33 **"지나친 친숙함은 존경을 앗아간다"**
익숙함의 폐해 … 127

34 **"허영심은 타인의 눈에서 오고 자존심은 내 마음에서 온다"**
타인의 박수 ⋯ 130

35 **"사랑하면 모든 것이 아름답게 보이고 미워하면 모든 것이 흉하게 보인다"**
사랑과 증오의 공통점 ⋯ 133

36 **"증오는 가슴에서 자라고 경멸은 머리에서 자란다"**
미움과 경멸의 차이 ⋯ 136

37 **"헤어짐은 작은 죽음이고 만남은 다시 살아나는 기적이다"**
만남과 이별 ⋯ 140

38 **"거울 없이 치장하는 것보다 조언 없이 결정하는 것이 더 나쁘다"**
올바른 조언 ⋯ 143

3장 "관점과 태도"

39 **"세상은 오직 내 마음이 그려낸 그림일 뿐이다"**
마음의 중요성 ⋯ 148

40 **"모든 일에 납득할 만한 이유가 있는 것은 아니다"**
이유라는 강박 ⋯ 152

41 **"삶과 꿈은 같은 책 속의 다른 페이지들이다"**
삶이라는 책 ⋯ 156

42 **"쾌락은 기대만큼 즐겁지 않고 고통은 언제나 예상보다 더 아프다"**
쾌락과 고통 ⋯ 160

43 **"모든 것은 사라지기 위해 존재한다"**
유한함의 아름다움 ⋯ 164

44 **"삶의 진리는 조각 맞추기다"**
삶이라는 퍼즐 ⋯ 168

45 **"인생의 정말 중요한 답은 내 내면에 있다"**
정답의 중심 ⋯ 171

46 **"흔한 것이 오히려 더 어렵다"**
가장 이해하기 어려운 것 ⋯ 174

47 **"삶에서 가치 있는 성공은 반드시 갈등과 싸움을 거쳐야 얻을 수 있다"**
갈등과 승리 ⋯ 177

48 **"행복이란 쉽게 손에 들어오지 않는다"**
행복 추구 ⋯ 181

49 **"운명은 나약한 인간을 봐주지 않는다"**
나약함과 운명 ⋯ 185

50 **"인간의 감각만으로는 세상의 참모습은 결코 알 수 없다"**
세상을 보는 눈 ⋯ 189

51	**"모든 것을 물질로 설명하는 사람은 결국 자신이 세계의 주체임을 잊어버린다"** 삶의 이유 ··· 193	
52	**"현재만 사는 동물이 과거와 미래를 사는 인간보다 행복하다"** 고통의 원인 ··· 197	
53	**"이미 답이 있지만 질문을 몰라서 헤맨다"** 돌과 부싯돌 ··· 201	
54	**"생각을 연결하는 방식이 한 사람의 지적 수준을 결정한다"** 사고의 연결 방식 ··· 204	
55	**"너무 오래 생각하면 오히려 흐릿해진다"** 깊이의 착각 ··· 208	
56	**"삶의 중심축을 자기 안에 두라"** 삶의 중심축 ··· 212	
57	**"우울은 매력적이지만 불쾌함은 혐오스럽다"** 우울과 불쾌함의 차이 ··· 215	
58	**"세상의 한계는 내 시야의 한계다"** 인지적 편향 ··· 219	
59	**"인생의 본질은 근본적으로 실망과 환멸이다"** 현실과 꿈의 격차 ··· 223	
60	**"하루가 지날 때마다 인생이라는 재산은 하루씩 줄어든다"** 삶의 영원함 ··· 227	

시간을 들여 얻은 지혜만이

인생을 성숙시킨다.

1장 **" 인생과 덕목 "**

01

"누구나 두렵지만
용기는 선택이다"

- 아르투어 쇼펜하우어 -

두려움이라는 공평함

종종 두려움과 불안으로 가득 찬 상황에 놓인다. 새로운 도전 앞에서, 혹은 예상하지 못한 위기 앞에서 대부분의 사람이 마주하는 감정은 두려움이다. 그러나 대부분의 사람은 용기를 '두려움이 없는 상태'와 혼동하며 자신이 두려움을 느끼는 사실 자체에 실망하거나 스스로를 책망한다.

쇼펜하우어는 두려움에 대한 새로운 관점을 제공한다. 그에게 용기란 두려움의 부재가 아니라 두려움을 느끼면서도 참고 견디는 힘이다. 쇼펜하우어는 용기를 일종의 인내라고 설명하면서, 인내야말로 우리가 삶에서 겪는 고통과 위험을 이겨 낼 수 있게 해 주는 가장 중요한 요소라고 강조한다. 점점 더 인내가 사라지고 있다. 사람들은 무언가를 견디는 것 자체를 어려워한다. 그 어떤 부정적인 감정이 없는 상태에서도 견디는 것을 어려워하는데, 두려운 상황에서는 오죽하겠는가. 작은 불편도 견디지 못하는 이들이 큰 위기 앞에서 인내하기란 더욱 힘들다.

두려움은 모든 사람에게 공평하게 작용하는 자연스러운 현상이다. 진정한 용기란 두려움을 완전히 제거하거나 무시하는 게 아니다. 그 두려움을 외적으로 드러내지 않고 침착하게 대응하는 태도다. 다시 말하자면 두려움 자체는 자연스러운 것이므로 그것을 잘 다스리는 태도가 중요하다.

우리는 매일 다양한 도전과 압박을 마주하면서 살아간다. 실패의 가능성, 사회적 평가, 개인의 불안과 끊임없이 맞닥뜨린다. 이런 순간들에 진정으로 용감한 태도를 가진다는 것은 두려움을 애써 숨기거나 무시하는 게 아니다. 오히려 그 두려움을 인정한 후에도 앞으로 나아가려는 결심과 인내를 갖추는 것이다. 이런 용기의 개념을 확장하면 인간관계에도 동일하게 적용할 수 있다. 사람들과의 관계에서 느끼는 두려움이나 갈등을 피하기 위한 소극적 태도는 장기적으로 더 큰 고통과 스트레스를 불러온다. 쇼펜하우어가 말한 용기와 인내는 우리가 인간관계에서도 솔직하고 진실되게 대화하며 갈등을 회피하지 않고 성숙하게 풀어나가야 한다는 뜻을 의미한다.

인간에게는 모두 두려움이 존재한다는 사실을 받아들이고 그것을 담담하게 견디며 나아가야 한다. 그것이 진정한 용기다. 두려움을 없애는 것이 아니라 두려움을 인정하고 마주하는 법을 배우는 것이다. 그렇게 할 때야 비로소 삶에서 마주하는 다양한 난관을 극복하고 진정한 성장과 성숙을 이룰 수 있다. 두렵다고 피하겠는가? 아니면 두려움을 받아들이고 나아가겠는가? 이것은 오로지 나의 선택이다. 내가 뛰어넘기로 결심하면 그 어떤 것도 더 이상 장애물이 되지 않는다.

02

"나에게 달려 있는 것이 명예이다"

- 아르투어 쇼펜하우어 -

명예로운 삶

아무리 의식하지 않으려고 해도 타인의 시선이 의식되는 건 어쩔 수 없다. 타인의 평가가 우리의 가치를 결정한다고 믿으며 그 평가를 얻기 위해 많은 노력을 기울인다. SNS에서 많은 '좋아요'를 받고자 애쓰거나 주변에서 좋은 평판을 듣기 위해 모든 모임에 다 참여하기도 한다. 이러한 행위는 명성을 얻기 위한 것이다. 명성이란 타인이 나에 대해 생각하는 평가다. 타인의 좋은 평가는 때때로 삶에 큰 만족감을 줄 수 있다.

하지만 쇼펜하우어는 명성과 명예의 중요한 차이를 지적한다. 명예는 타인의 평가와 상관없이 내가 스스로에게 가지는 평가이자 신뢰다. 타인이 나를 어떻게 보는지가 아니라, 내가 스스로에게 어떤 사람인지에 대한 판단이다. 명예는 타인이 주는 것이 아니라 내가 지켜 나가야 하는 것이다.

현대 사회는 더욱더 외부의 평가에 집착하게 만든다. 발달한 미디어 환경은 사람들에게 어떻게 보여지는지가 중요하다는 생각을 심어 주고, 그로 인해 명예보다는 명성에 집중하게 만든다. 하지만 명성은 늘 변하기 마련이며 타인의 관심이 떠나가는 순간 허망하게 사라진다. 명예를 지킨다는 것은 쉬운 일이 아니다. 살아가면서 수많은 유혹과 갈등에 직면한다. 때로는 작은 이익을 위해 내면의 기준을 저버리고 싶은 순간도 있다. 그러나 그런 순간일수록 자신의 가치를 잊지 않고 스스로를 돌아보는 것이 중요하다. 명예는 한순간의 유혹이나 눈앞의 이익을 위해 쉽게 타협하거나 포기해서는 안 되는 삶의 기준이다.

명예란 스스로에 대한 존중과 신뢰에서 비롯된다. 스스로를 자랑스럽게 여길 수 있을 때 비로소 행복과 만족을 느낄 수 있다. 타인의 평가가 아니라 나 자신의 평가를 소중히 여겨야 한다. 다른 사람 모두가 나를 보잘것없는 사람으로 보더라도 내가 나를 고귀한 사람으로 평가해야 한다. 스스로를 믿고 지키는 명예야말로 삶의 진정한 가치를 결정하는 핵심 요소다. 명예를 지키는 일은 타인과의 관계에서도 매우 중요하다. 신뢰할 수 있는 사람, 약속을 지키는 사람, 진실한 사람으로 기억되는 것은 명예를 지키는 행동이다. 이를 통해 사람들은 단순한 명성을 넘어서 진심으로 나를 신뢰하고 존중하게 된다.

결국 삶의 궁극적인 만족은 명성이 아닌 명예에서 비롯된다. 명예로운 삶을 선택하는 것은 때로 어렵고 힘들 수 있지만, 그 과정에서 진정한 자기 자신과 만나며 더 나은 사람이 될 수 있다. 삶의 마지막 순간에도 스스로 떳떳하게 말할 수 있도록 명예를 소중히 지키며 살아가야 한다.

03

"오류는 이성을 속이고
환상은 이해력을 속인다"

- 아르투어 쇼펜하우어 -

오류와 환상

    대부분의 사람은 자신이 모든 상황을 올바르게 이해하고 정확히 판단하고 있다고 믿는다. 하지만 실제로는 오류와 환상 속에 머물러 있다. 인간의 삶은 마치 명확한 시야로 앞을 보고 있다고 착각하는 동안에도 뿌연 안개 속에서 길을 잃은 것과 똑같다. 쇼펜하우어는 이 문제의 근본 원인을 인간이 가진 두 가지 주요 인지 기능, 즉 이성과 이해력의 착각에서 기인한다고 말한다.

오류는 이성이 진리를 놓치고 잘못된 판단을 내릴 때 발생한다. 즉 불충분한 정보나 잘못된 전제 위에 세워진 잘못된 추론과 결론이다. 반면 환상은 감각과 이해력 자체의 착오에서 비롯된다. 감각 기관이 제공하는 정보가 왜곡되었거나 잘못된 방식으로 지각되었을 때 사람들은 현실로부터 멀어진 허상을 마치 실제인 것처럼 받아들인다. 이 두 가지 착오는 서로 다른 영역에서 발생하지만 삶에 미치는 영향력은 동일할 정도로 매우 심각하다.

오류가 초래하는 문제는 일상 대부분에 퍼져 있다. 사람들은 흔히 부족한 정보만으로 결론을 내리고 그것을 진리라고 단정 짓는다. 어떤 사람이 나에게 불친절하게 행동했을 때 충분히 고려할 상황이 많음에도 불구하고 섣불리 나쁜 사람이라고 결론을 내려 버린다. 이런 판단은 대부분 감정적인 반응이다. 사람 간의 불필요한 오해와 갈등을 만들어 낸다. 쇼펜하우어는 이러한 오류가 인간의 이성이 가진 근본적 한계에서 기인한다고 본다. 항상 충분한 정보와 정확한 전제를 갖췄을 때 진리에 도달할 수 있지만, 현실은 그렇게 명확하지 않다. 불확실성과 모호함이 넘치는 세상에서 인간의 이성은 쉽게 잘못된 판단에 빠진다.

하지만 오류보다 더 흥미로운 것은 환상이다. 환상은 이해력이 잘못된 정보를 진짜라고 믿는 것에서 출발한다. 사람들은 종종 자기가 보고 싶어 하는 것만을 보고 듣고 싶은 것만 듣기 때문이다. 사랑에 빠진 사람은 상대방의 단점마저도 매력으로 느끼며 어떤 충고도 귀담아듣지 않는 것이 가장 대표적인 예시다. 이해력이 감정이나 욕망에 의해 쉽게 조작될 수 있음을 보여 주는 대표적인 사례다. 감각이 제공하는 정보조차도 우리가 이미 가진 선입견과 욕구에 의해 왜곡되고, 현실과는 거리가 먼 환상이 진실로 둔갑하는 것이다.

이 두 가지 문제를 동시에 해결하는 방법은 철저히 자기 자신을 비판적으로 성찰하는 것이다. 인간이 가진 이성의 오류 가능성을 인정하고 항상 겸손하게 판단해야 하며, 감각과 이해력이 만들어 내는 환상을 인지하고 끊임없이 현실과의 거리를 점검해야 한다. 자신이 보고 싶은 정보만을 선택적으로 취득하면 이미 갖고 있던 편견과 믿음만 더 깊어질 뿐이다. 자기 마음에 드는 정보만 귀를 기울이고 그것이 마치 진리인 것처럼 믿게 된다. 한 번 형성된 생각은 쉽게 바뀌지 않으며, 새로운 정보조차 자신이 가진 기존의 신념에 따라 선택적으로 받아들이게 된다.

결국 우리가 추구해야 하는 삶의 태도는 진리에 대한 열린 마음과 환상에 대한 철저한 경계심이다. 이성을 맹신하거나 감각에 쉽게 현혹되지 말고 자신이 가진 판단과 지각을 항상 점검하는 태도를 유지해야 한다. 쇼펜하우어의 말처럼 우리가 진실을 제대로 보고 현실과 착각을 구분할 때 비로소 내가 더 온전한 인간이 되기 때문이다. 이성과 이해력이라는 두 가지 도구를 현명하게 사용하려면 끊임없이 자기 자신을 되돌아봐야 한다. 내가 믿고 있는 것이 사실이 아닐 수 있다. 내가 이해한 것이 진짜가 아닐 수 있다.

04

"지혜로운 사람은 자신의 악함을 감추고 어리석은 사람은 드러낸다"

- 아르투어 쇼펜하우어 -

가장 위험한 사람

인간의 내면은 거대한 숲과도 같다. 멀리서 바라볼 때는 모두 비슷해 보이지만 가까이 다가갈수록 각각의 숲은 그 깊이와 어둠이 서로 다르다는 것을 깨닫게 된다. 지혜로운 이들의 숲은 겉보기엔 잘 가꿔져 있고 아름답다. 나무들은 정돈되어 있고 작은 길이 나 있어 누구든 편히 걸어 들어갈 수 있다. 하지만 그 숲의 깊숙한 안쪽, 사람의 시선이 잘 닿지 않는 곳에는 음습한 습지와 가시덤불이 숨겨져 있다. 그

것이 바로 '지혜로운 자의 악덕'이다.

 반면, 어리석은 사람들의 숲은 전혀 숨김없이 자신을 드러낸다. 거친 잡초와 얽히고설킨 덩굴, 마른 가지가 아무렇게나 널브러져 있어 처음부터 쉽게 들어갈 수조차 없다. 이들의 악덕은 숲 입구부터 명백하게 드러난다. 그래서 사람들은 이 숲을 마주했을 때 쉽게 주저하게 된다. 명백히 드러난 위험을 보고 누가 쉽게 발을 들일 수 있겠는가?

 사람들은 지혜로운 이의 아름답고 잘 정돈된 숲을 신뢰한다. 아름다움과 정돈됨은 미덕처럼 느껴지기 때문이다. 그러나 바로 이 숲이 사람들에게 더 큰 위험을 안긴다. 숲이 주는 편안함과 안정감에 이끌려 아무런 경계 없이 발을 들여놓았다가 깊숙이 숨겨져 있던 음습한 악덕과 갑자기 마주하게 되는 것이다. 그제서야 사람들은 속았다는 사실을 깨닫는다. 그러나 이미 너무 늦어 버린 뒤다.

 역사 속의 수많은 현명하고 카리스마 넘치는 리더들이 좋은 예다. 그들의 첫인상은 항상 매력적이고 지적이며 신뢰할 수 있어 보였다. 사람들은 그들을 따르고 존경했다. 그들이 짓는 미소와 말투, 행동 하나하나가 완벽하게 보였기 때문이다. 하지만 그 완벽함의 이면엔 자신만의 이익과 권력욕이 교묘히 숨겨져 있었다. 아름답게 꾸며진 그 숲속에는 독버섯과 가시덤불 같은 악덕이 교묘하게 가려져 있었던 것이다.

반면, 거칠고 정돈되지 않은 사람들은 처음부터 사람들에게 경고 신호를 보낸다. 그들의 어리석음이나 무모함은 분명한 결함이지만 최소한 그 결함은 숨겨져 있지 않다. 우리는 처음부터 그들과의 관계에서 적당한 거리를 유지하거나 충분히 대비를 하고 접근할 수 있다. 오히려 그들의 악덕은 쉽게 드러나 있기에 위험을 미리 피할 수 있다.

이러한 관찰을 통해 우리는 진정한 지혜란 무엇인지 다시 생각하게 된다. 진정한 지혜는 단지 겉으로 완벽함을 가장하는 능력이 아니다. 오히려 자신 내면의 결함과 악덕을 정확히 이해하고, 그것을 직시하는 능력이다. 진정 지혜로운 사람은 자신의 악덕을 타인에게 숨기는 것이 아니라 스스로 그것을 인정하고 극복하려 노력한다.

숲을 걷는 이들은 이제 외관의 아름다움이나 정돈됨에만 현혹되지 말아야 한다. 겉으로만 완벽히 꾸며진 아름다운 숲보다는 처음부터 조금은 불편하게 느껴질지라도 자신의 모습을 솔직히 드러내는 진실된 숲을 더 신뢰할 줄 아는 안목이 필요하다.

결국 가장 위험한 사람은 악덕이 많은 사람이 아니다. 그것을 교묘히 숨기는 사람이다. 이제 우리가 선택할 것은 단지 외적으로 완벽해 보이는 사람이 아니라 조금은 부족하더라도 자신의 진짜 모습을 솔직하게 보여 줄 수 있는 사람이다. 숲의 아름다움에 현혹되지 말고 숲의 진짜 모습을 꿰뚫어 보는 눈이야말로 우리가 가져야 할 가장 현명한 지혜일 것이다.

05

"모든 생명은 다른 존재의 희생 위에서 생명을 이어간다"

- 아르투어 쇼펜하우어 -

책임 있는 삶

인간이 살아가면서 가장 외면하고 싶어 하는 진실 중 하나는, 존재 그 자체가 타자의 희생을 통해 이루어진다는 사실이다. 이 불편한 현실에서 많은 이들이 눈을 돌리고 싶어 한다. 자신이 아무것도 파괴하지 않고 누구에게도 피해를 주지 않으며 순수하게 살아가고 있다는 믿음을 유지하고 싶어 한다. 하지만 쇼펜하우어는 단호하게 말한다.

"생명이란 본질적으로 타자의 파괴와 희생을 전제로 한다."

생명의 본성 자체가 다른 생명을 소모함으로써 유지된다는 점은 피할 수 없다. 이는 단지 먹이사슬의 단순한 구조만 의미하지 않는다. 인간의 삶 전반에 걸쳐 너무나 명확하고 빈번하게 일어난다. 우리가 평소 접하는 모든 음식은 필연적으로 다른 생명체를 희생시킨 결과다. 육류는 물론이며 채소와 곡물조차도 자라기 위해 다른 생명체들의 생태 환경과 서식지를 훼손한다. 식탁 앞에서 이러한 현실을 잠시 잊거나 무시하지만 진실은 변하지 않는다. 우리가 입는 옷, 신발, 사용하는 각종 물건과 기술들 또한 무언가의 희생 위에서 만들어진다. 현대적 삶을 영위한다는 것은 지속적이고도 광범위한 생명의 희생을 전제로 하고 있다.

이 같은 진실을 거부하는 것은 자신의 도덕적 우월성을 강조하기 위해서다. 자신이 직접 다른 존재를 해치지 않았다는 이유만으로 그 파괴적이고 희생적인 시스템에서 자유롭다고 착각하는 것이다. 때로는 간접적이고 보이지 않는 방식으로 이루어지는 파괴가 더 교묘하고 잔인할 수 있다. 우리의 손은 깨끗해 보이지만 그 손에 쥐고 있는 혜택의 배후에는 수많은 희생이 있다. 일상에서 누리는 모든 혜택과 편리함 뒤에는 반드시 희생과 파괴가 동반된다는 사실을 정면으로 마주해야 한다. 단순히 죄책감을 느끼기 위해서가 아니다. 자신이 살아가는 방식과 소비 습관을 더 진지하게 고민하는 계기를 얻기 위해서다.

모든 생명은 다른 존재를 파괴하지 않고는 단 한순간도 유지될 수 없다. 그렇다고 해서 우리가 이 사실 앞에서 무력감을 느끼거나 냉소적으로 될 필요는 없다. 오히려 이 현실을 직면함으로써 더욱 겸손하고 성찰적인 삶을 선택할 수 있다. 일상에서 이루어지는 작은 선택 하나하나를 더 의미 있고 책임 있게 만들어야 하는 이유가 바로 여기에 있다. 다른 생명을 희생하여 살아가는 이상, 그 희생의 가치를 절대 가볍게 여기지 말아야 한다.

쇼펜하우어가 우리에게 전달하는 강력한 경고는 바로 이 지점에 있다. 자신이 직접적으로 관여하지 않는다고 해서

책임이 없는 것은 아니며 생명의 유지가 필연적으로 수반하는 희생을 깊이 인식하고 이를 경시하지 않는 삶을 살아가야 한다는 것이다. 삶의 모든 순간은 다른 존재의 희생 위에 있음을 명심하고 그 사실을 겸허하게 받아들이며 살아가는 것이 인간으로서 지녀야 할 가장 중요한 자세다. 자신이 무엇을 소비하고 어떻게 살아가는지 진지하게 고민하고 성찰할 때 비로소 우리는 타자의 희생을 최소화하고 더 나은 공존의 길을 발견할 수 있다. 우리의 존재 자체가 필연적으로 타자의 희생을 요구한다는 이 무거운 진실은 절망이 아니라, 책임 있는 삶의 출발점이다.

06

"풍요로운 정신은
자유와 여유가 필요하다"

- 아르투어 쇼펜하우어 -

정신과 휴식

세상은 부지런함을 미덕으로 여긴다. 쉬지 않고 일하며 무언가를 계속 성취하는 사람이 가치 있다고 생각한다. 바쁘지 않은 사람은 게으르거나 무능력한 사람으로 여겨진다. 하지만 풍요로운 정신은 끊임없는 바쁨에서 나오지 않는다. 정신을 풍요롭게 가꾸기 위해서는 오히려 한가로운 시간을 더 많이 보내야 한다.

정신이 풍성한 사람은 끊임없는 업무나 끝없이 쌓이는 일정에서 탄생하지 않는다. 지친 상태에서는 정신이 깊어질 수 없기 때문이다. 하루를 바쁘게 보내고 나면 머릿속은 잡다한 생각으로 어지럽다. 이런 상태에서 깊은 생각이나 삶에 도움을 줄 만한 창의적인 아이디어가 자라날 수 없다. 사람은 몸과 마음에 충분한 여백이 있을 때 비로소 깊이 있는 생각을 할 수 있다. 삶의 의미, 자신의 본질, 세상의 진실을 발견하려면 바쁜 일상에서 벗어나 혼자 있는 시간이 반드시 필요하다. 흔히 휴식이나 여유는 시간을 낭비하는 것이라고 여긴다. 휴식은 아무것도 하지 않는 빈 시간이 아니다. 오히려 정신이 자유롭게 움직일 수 있도록 여백을 만드는 것이다. 책을 읽으며 새로운 관점을 만나거나 산책하면서 새로운 생각을 떠올리는 것은 빈둥거리는 것과 전혀 다르다. 이 시간은 내면의 깊이를 확장하는 데 꼭 필요하다.

하루하루 정해진 것을 처리하고 다음 목표를 달성하는 일에 정신을 소모하는 현대인은 휴식을 놓치고 살아가고 있다. 자신의 내면을 들여다볼 시간이 없으면 자신의 삶이 어떤 방향으로 흘러가고 있는지 알지 못한다. 삶이 습관적으로 반복되는 일의 연속처럼 느껴질 뿐이다. 사람의 정신은 단순히 지식을 쌓거나 바쁘게 활동하는 것만으로 풍요로워지지 않는다. 정신의 깊이는 혼자 보내는 한가로운 시간에서 더욱 선명하게 드러난다. 그 시간이 없으면 삶을 피상적으로 살 수밖에 없다.

그러나 현대인의 현실은 그렇게 쉽게 휴식을 허락하지 않는다. 조금만 쉬려고 해도 불안이 찾아온다. 모두가 바쁘게 달려가고 있는데 혼자 뒤처지는 느낌이 들기 때문이다. 잠깐의 여유를 가지는 것조차 경쟁에서 도태될지 모른다는 걱정을 불러일으킨다. 그래서 아무리 지치고 힘들어도 계속 달리며 살아갈 수밖에 없다. 이런 불안을 느끼는 것은 이상한 일이 아니다. 끊임없는 경쟁을 강요하고 한시도 쉬지 않고 무언가를 생산해야 한다고 주입하는 사회에서는 당연하게 느끼는 감정이다. 정신적으로 풍요로운 삶을 살기 위해서는 용기를 내어야 한다. 그 용기란 바로 스스로에게 휴식을 허락하는 것이다. 짧은 휴식을 갖는다고 해서 삶이 갑자기 무너지지 않는다. 오히려 잠깐의 멈춤을 통해 힘과 방향을 다시 찾을 수 있다. 가끔은 멈추는 것이 앞으로 나아가는 것보다 더 큰 용기라는 것을 기억해야 한다.

　쉬는 것에도 용기가 필요한 세상이다. 정신적으로 깊어지기 위해, 보다 분명한 삶을 살아가기 위해 용기를 내어 잠깐의 여유를 만들어 보는 것이 필요하다. 여유와 휴식은 우리에게 주어진 사치가 아니다. 삶을 더 건강하게 만드는 특권이다.

07

"철학이 추상적인 개념만을
다루면 삶에서 멀어진다"

- 아르투어 쇼펜하우어 -

철학의 의미

사람들은 흔히 철학을 삶과 동떨어진 어렵고 모호한 것으로 여긴다. 이런 인식이 생긴 것은 철학이 오랫동안 현실을 제대로 반영하지 못하는 추상적이고 지나치게 일반적인 개념을 사용해 왔기 때문이다. 철학의 주요한 문제는 너무 넓고 모호한 개념을 아무런 비판적 성찰 없이 사용하는 습관에서 비롯된다.

추상적 개념이란 그 자체로 틀린 것이 아니다. 문제는 이 개념들이 본래 갖고 있던 현실과의 연결을 잃고 점점 허공에 떠도는 말장난이나 논리적 유희로 전락한다는 점이다. '존재', '실체', '본질', '완전성' 같은 극히 일반적인 단어를 사용하여 철학자들은 논의를 진행한다. 하지만 그런 말들은 실제 삶의 구체적인 문제와 연결되지 않으면 그 의미가 무의미하게 되어 버린다. 예를 들어 "완전한 존재"라는 말을 사용한다고 해 보자. 완전한 존재란 무엇인가? 완전성을 어떤 기준으로 정의하는가? 이를 제대로 따지지 않으면 논리를 명확히 하는 대신 오히려 혼란만 가져온다.

비슷한 맥락으로 추상적인 개념이 과도하게 일반화되면 논쟁을 해결하기보다 오히려 무한한 논쟁을 만들어 낸다. '자유', '정의' 같은 개념을 현실적인 맥락 없이 사용하면 사람마다 각기 다른 뜻으로 해석한다. 결국 현실 문제를 해결하지 못하고 오히려 논쟁을 더욱 꼬이게 만들고 만다.

이러한 잘못된 개념의 사용이 야기하는 가장 큰 위험은 인간을 이해와 성찰에서 멀어지게 만든다는 것이다. 철학이란 원래 인간의 삶을 더 명료하게 이해하도록 돕는 것이 목적이어야 한다. 철학은 인간의 경험과 삶의 구체적인 현실에서 출발해야 한다. 단순히 복잡한 개념들을 연결하며 논리적 퍼즐을 푸는 과정으로 축소되어서는 안 된다.

"어떻게 살아야 하는가?"라는 질문에 지나치게 추상적인 언어로 접근하면 결국 명쾌한 해답을 얻을 수 없다. 철학이 유의미한 역할을 하려면 현실과 경험을 명확하게 반영한 구체적이고 실용적인 개념을 사용해야 한다. 추상적인 개념은 삶을 설명하는 데 보조적인 수단이 될 뿐, 그 자체가 목적이 될 수 없다. 경험과 인식이 먼저이고 개념은 그 경험과 인식을 담아 두고 정리하는 역할을 해야 한다. 철학이 삶을 이해하는 도구로서 가치 있으려면 그 도구가 현실과 연결되어 있어야 한다. 현실에서 분리된 철학은 결국 의미 없는 언어의 조합에 지나지 않는다. 인간에게 철학이 필요한 진짜 이유는 우리가 삶을 더 잘 이해하고 살아가는 데 실질적인 도움을 주기 위해서다. 현실과 연결되지 않은 개념은 공허한 메아리일 뿐이다. 철학의 가치는 현실 속에 뿌리를 내려야만 비로소 의미가 있다.

08

"망설임은 생각이 깊어서가 아니라
두려움이 깊어서 생긴다"

- 아르투어 쇼펜하우어 -

망설임의 이유

절벽에서 아래로 뛰어내려야만 하는 상황이다. 그 어떤 곳으로도 갈 수 없다. 내 옆에도 내 뒤에도 아무것도 없다. 오로지 내가 할 수 있는 것은 아래로 뛰어내리는 것뿐이다. 심지어 뛰어내려야만 한다는 것을 알고 있고 목숨에 위협을 받을 것처럼 높아 보이지는 않는다. 하지만 망설여진다.

살다 보면 비슷한 상황을 겪을 때가 있다. 물속으로 뛰어드는 것만이 정답이라는 걸 스스로 알면서도 망설이게 된다. 정답을 뻔히 알고 있으면서도 망설이게 되는 상황에서 흔히 사람들은 신중하게 생각을 거듭하고 있다고 착각한다. 그러나 그것은 단지 용기의 결여일 뿐이다. 무언가를 결정해야 할 때 망설이게 되는 이유는 생각이 깊어서가 아니라 두려움이 깊어서다.

 확신에 찬 결단이란 존재하지 않는다. 확신을 가질 때까지 기다리는 것은 결국 아무것도 하지 않겠다는 말과 같다. 어떤 선택도 위험과 손실은 있다. 어떤 선택도 가능성과 후회는 있다. 발을 떼지 못하는 것은 실패에 대한 두려움 때문이다. 분명 스스로도 할 만하다는 걸 알고 있고 스스로 결정도 내렸지만 망설이는 것은 그저 용기가 없기 때문이다. 겉보기에는 문제없어 보인다. 그저 심사숙고하는 것처럼 보일 테니까.

 그러나 실제로는 큰 대가를 치르게 된다. 결정을 미룰수록 기회는 점점 멀어진다. 두려움은 줄어들 것 같은가? 오히려 두려움은 점점 커진다. 결국 망설이는 것은 결정을 내리지 않음으로써 자신을 보호하는 것처럼 보이지만 사실은 더 큰 손해를 만들고 있는 것이다. 사람은 누구나 결정을 내릴 때 일정한 불확실성을 마주한다. 불확실성이 없는 선택이란 존재하지 않는다. 아무리 많은 지식과 정보를 손에 얻어도 최종적인 결과는 결정을 내린 후에야 알 수 있다. 진정한 결단이란 불확실성을 감수하는 행위다. 이것은 용기 없이는 불가능하다. 아무리 뛰어난 이해력을 가져도 용기가 없으면 무용지물이다. 아무리 뛰어난 분석력이 있어도 용기가 부족하면 끊임없이 결정을 유보한다. 고민의 늪에 빠져 선택의 결과를 완벽하게 통제하려는 집착 속에 갇힌다.

인생의 중요한 결정은 오래 망설인다고 해서 더 좋은 해답을 찾게 되지 않는다. 오히려 결정의 무게와 불안만 키울 뿐이다. 자신에게 물어보아야 한다. 지금 내가 망설이고 있는 이유가 정말 더 나은 답을 찾기 위한 것인지 그저 실패를 두려워하는 마음 때문인지. 망설임은 깊은 생각의 결과가 아니다. 단지 두려움을 감추기 위한 가장 손쉬운 변명이다. 더 이상 고민의 늪에 빠져 시간을 허비하지 마라. 결정을 행동으로 옮겨라. 지성이 아니라 담대함이 필요한 순간이다.

09

"유쾌함이란
행복을 사는 화폐다"

- 아르투어 쇼펜하우어 -

고통의 마취제

삶은 본질적으로 고통과 권태 사이에서 끝없이 흔들리는 진자와 같다. 무언가를 원하지만 그것을 얻지 못할 때 고통을 겪는다. 원하는 것을 마침내 얻으면 곧 권태가 찾아온다. 만족은 빠르게 소멸되고 그 자리에 다시 또 고통이 생긴다. 인생의 본질은 결코 만족할 수 없는 끊임없는 결핍이다. 진정한 행복이라는 것은 어쩌면 헛되이 꿈꾸는 환상에 지나지 않는다.

하지만 이런 고통스러운 현실 속에서도 작은 오아시스를 발견할 수 있다. 바로 유쾌함이다. 유쾌함은 삶의 깊은 고통과 권태를 근본적으로 해결하지는 못하지만, 순간적으로 그것을 잊게 해 준다. 내가 지금 겪고 있는 고통을 잠시라도 마비시키고 그 순간만큼은 존재의 무게를 덜어 주는 일시적인 마취제 같은 것이다.

유쾌함이란 행복의 직접적인 화폐다. 다른 행복의 조건들, 예를 들어 부와 명예는 복잡한 과정을 거쳐야만 얻을 수 있다. 그렇게 얻는다고 해도 만족은 항상 짧고 불확실하다. 반면 유쾌함은 그 자체로 즉각적인 효과를 가진다. 어떤 매개물도 필요 없이 곧바로 고통을 완화해 주기 때문이다. 그러나 착각해서는 안 된다. 유쾌함은 결코 삶의 근본적 고통과 결핍을 없애는 해결책이 아니다. 잠깐의 휴식과 위안을 줄 뿐이며 그 효과는 지극히 일시적이다. 마치 고통스러운 병을 앓고 있는 환자가 일시적으로 진통제를 복용하는 것과 같다. 진통제는 병을 완치하지 못한다. 고통을 잠시나마 잊게 해 줄 뿐이다.

결국 인생의 고통은 다시 돌아온다. 유쾌함의 효과가 끝나는 순간, 다시 처음과 같은 결핍의 현실로 돌아간다. 유쾌함이라는 화폐는 순간적으로 삶을 조금 더 견딜 만하게 만들지만 본질적인 문제를 해결하지 못한다. 하지만 그렇게라도 유쾌함으로 견디지 않으면 삶은 도무지 견딜 수 없을 만큼 고통스러울 것이다. 냉혹한 현실이지만 잠깐이라도 웃지 않으면 더는 살아갈 수 없을 만큼 인생은 고통의 연속이다. 인생이 지독한 고통이기에 유쾌함이 빛을 본다. 웃음조차 없다면 삶은 그저 숨 쉬는 고통일 뿐이다.

"재산보다 큰 자산은 건강이다"

- 아르투어 쇼펜하우어 -

행복의 근본

사람들이 흔히 간과하는 중요한 사실이 있다. 재물과 명예가 행복에 직결된다는 생각이 일반적이지만, 실제로는 건강이 그 모든 것의 근본이다. 건강이 없다면 세상의 어떤 부나 성공도 의미가 없게 된다. 이는 단지 신체적인 건강만을 의미하는 것이 아니다. 정신적이고 감정적인 상태까지 포함한 전체적인 건강 상태가 삶의 질과 깊은 관련이 있다.

신체적인 건강이 무너지면 정신적인 건강도 쉽게 흔들린다. 몸이 아프면 마음의 균형을 유지하기 어렵다. 감정은 쉽게 부정적으로 변한다. 작은 일에도 예민해지고 불안해지며, 삶 자체가 어둡게 느껴진다. 정신적으로 지치고 불안한 상태 역시 신체에도 영향을 미친다. 계속 스트레스를 받거나 감정적으로 긴장하면 몸이 허약해진다. 이렇듯 몸과 마음은 서로 긴밀히 연결된 하나의 시스템이다. 어느 한쪽만 챙기거나 소홀히 할 수는 없다.

현대 사회는 많은 사람에게 과도한 업무와 스트레스를 강요한다. 충분한 휴식과 적절한 운동, 영양 관리가 이루어지지 않는다. 그런 삶이 반복되다 보면 결국 건강은 조용히 무너진다. 무너진 건강은 회복하기 어렵다. 한번 잃으면 다시 되찾는 데 엄청난 시간과 노력이 필요하다. 그때 가서 후회해도 이미 늦었다. 삶의 질이 건강 상태와 직접적으로 연결되어 있는 것도 이런 이유에서다. 건강해야 사소한 순간에서 기쁨을 찾을 수 있고 삶에 대한 만족과 성취를 느낄 수 있다. 건강한 사람은 삶의 무게를 덜 느끼고, 건강을 잃은 사람은 사소한 일조차 큰 부담으로 다가온다. 별것 아닌 일에도 짜증이 나고 예민해졌던 적이 있지 않은가? 돌이켜 생각해 보면 몸이 안 좋거나 정신이 지쳤을 때다. 평소라면 웃어넘길 수 있는 일도 그러지 못하는 건 몸이나 마음 어디 한 곳이 안 좋기 때문이다.

   결국 우리가 가장 소중히 여겨야 할 것은 바로 건강이다. 몸과 마음의 균형을 유지하며 활력을 지키는 것이 삶에서 가장 가치 있는 일이다. 아무리 화려한 성공과 부를 쌓아도 건강이 없다면 한순간에 허물어진다. 건강을 돌보지 않는 삶은 마치 집을 지으면서 기초를 무시하는 것과 같다. 건강을 소홀히 하는 순간, 삶은 서서히 무너질 준비를 한다. 모든 성공과 행복은 건강이라는 기반 위에서만 안전하게 존재할 수 있다.

11

"고귀한 쾌락일수록 기쁨도 깊다"

- 아르투어 쇼펜하우어 -

낮은 쾌락과 높은 쾌락

인간이 경험하는 쾌락에는 다양한 층위가 존재한다. 우리가 선택하는 즐거움과 기쁨의 형태는 우리의 내적 본질을 분명하게 드러낸다. 어떤 사람은 순간적이고 감각적인 즐거움에 쉽게 몰입한다. 또 다른 사람은 깊고 지속적인 지적 만족을 추구한다. 자신이 추구하는 기쁨의 질은 결국 자신이 어떤 존재인지 말해 준다.

가장 낮은 수준의 쾌락은 본능적이고 순간적이다. 맛있는 음식을 먹거나 편안한 잠을 자거나 안락한 환경에서 휴식을 취하는 것과 같다. 육체적이고 감각적인 만족이다. 이러한 쾌락은 단기적으로 매우 강렬한 만족을 주지만 지속적이지 못하다. 빠르게 소멸된다. 반복될수록 오히려 만족의 강도는 점점 감소하며, 결국 같은 수준의 쾌락을 얻기 위해 더 강한 자극이 필요해지는 문제가 발생한다. 낮은 쾌락만을 추구하는 사람은 계속되는 자극 추구의 악순환 속에서 쉽게 피로와 공허함을 느낀다.

높은 수준의 쾌락은 육체적이고 감각적인 즐거움을 넘어선다. 예를 들어 스포츠나 운동과 같은 신체 활동을 통해 얻는 만족은 더 오래 지속된다. 신체 건강뿐만 아니라 정신적인 활력까지 생긴다. 그러나 인간의 본질을 더욱 깊이 있게 드러내고 지속 가능한 만족을 제공하는 것은 정신적인 쾌락이다. 지적인 쾌락이라고 볼 수 있다. 독서, 철학적 사색, 예술 작품 감상, 창작 활동과 같은 지적 활동은 순간의 즐거움을 넘어선다. 깊은 사고와 감정의 울림을 주며, 그 영향이 다른 쾌락보다 훨씬 오래 지속된다. 지적 쾌락은 내면의 자원을 풍성하게 하고 삶을 깊이 있게 만든다. 특히 지적이고 정신적인 쾌락은 자극이 반복될수록 더 깊은 만족을 준다는 특징이 있다. 단순히 지루함을 피하기 위한 쾌락이 아니라 더 본질적인 자기 성장을 돕는 쾌락이다. 예술 작품이나 문학 작품을 반복해서 감상할 때마다 새로운 통찰을 얻는 것도 이런 이유 때문이다. 지적 형태의 즐거움은 삶을 풍부하게 만든다.

많은 사람이 지적 쾌락을 어렵거나 접근하기 힘든 것으로 여기지만 사실은 전혀 그렇지 않다. 처음에는 낯설게 느껴질 수 있지만, 일단 그 매력을 경험하게 되면 이전의 낮은 쾌락으로는 더 이상 돌아가지 못한다. 마치 넓고 밝은 세계를 발견한 것과 같아서 한 번 그 즐거움을 맛본 사람은 더 깊은 만족을 위해 더 높은 수준의 쾌락을 찾게 된다.

순간적인 욕망에 이끌려 행동하는 사람과 깊은 사고를 통해 삶을 살아가는 사람은 분명히 다른 삶의 경로를 걷게 된다. 전자는 늘 불안하고 쉽게 흔들리며 피상적인 만족을 추구하지만, 후자는 삶의 굳건한 기준과 깊은 만족감을 얻으며 안정적인 인격을 형성한다. 결국 우리가 추구해야 하는 쾌락의 수준이 우리 존재의 품격과 행복을 결정한다. 고귀한 쾌락을 추구하는 사람일수록 삶이 더 의미 있어진다. 반대로 낮은 수준의 자극만을 추구하는 사람은 쉽게 피로와 허무에 빠진다. 내가 선택하는 즐거움이 바로 내가 어떤 사람인지, 그리고 어떤 삶을 살아갈 것인지 결정짓는다. 삶을 더 의미 있게 살아가고 싶다면 더 높은 수준의 쾌락을 선택해야 한다.

12

"과도한 열정은
자극이 아니라 타락이다"

- 아르투어 쇼펜하우어 -

열정의 역설

열정은 좋은 것이다. 자신의 삶을 의지 있게 살아간다는 뜻이니까. 삶을 채우는 소중한 힘 중 하나가 열정이다. 하지만 균형을 잃고 지나치게 되면 오히려 독이 되어 자신을 파괴한다. 열정은 삶에 활력을 주고 새로운 가능성을 열어 주지만, 그 힘이 지나치게 강렬하면 현실을 망각하게 만든다. 한 사람을 위험한 상태로 이끈다.

열정이 과도하면 시야가 좁아진다. 자신의 목표, 관심사 외의 다른 모든 것을 무시하게 된다. 삶의 다양한 측면을 균형 있게 유지하지 못한다. 열정이 지나친 모습은 쉽게 찾아볼 수 있다. 한 창작자가 처음에는 자기의 재능과 에너지를 작품에 쏟아내며 큰 만족을 얻는다. 그러나 창작에 대한 지나친 열정은 점점 더 강력한 완벽주의를 불러온다. 작은 결점조차 용납하지 못하게 되어 끝없는 자기비판과 좌절에 빠지게 만든다. 그렇게 되면 창작의 기쁨은 어디에도 남아 있지 않다. 오로지 무거운 짐만이 남는다.

과잉된 열정이 자기 파괴로 이어지는 이유는 열정 그 자체의 속성 때문이다. 열정은 기본적으로 만족을 지속적으로 요구한다. 초반에는 작은 성취만으로 충분한 보람을 느끼지만, 시간이 지날수록 만족의 기준이 높아져 더 큰 성취와 더 큰 자극을 필요로 하게 된다. 계속해서 더 큰 자극을 추구하다 보면 결국 스스로 감당할 수 없는 지경에 이른다. 건강, 가족관계, 휴식 등 삶의 필수적인 부분은 뒷전으로 밀리고 한 인간의 삶 전체가 열정 하나에만 매달리게 된다. 삶의 균형이 무너지면 모든 게 무너진다. 정신이 무너지면 몸이 무너지고, 몸이 무너지면 정신이 무너지듯 인생은 균형이 중요하다.

열정은 적절한 선에서 통제되어야 한다. 자신의 한계를 인식하고 적당한 선에서 열정을 조절할 줄 아는 사람이야말로 진정으로 행복한 삶을 누릴 수 있다. 균형을 잃은 열정은 결국 자기 자신을 파괴하는 위험한 힘으로 변모한다. 과도한 열정은 삶을 밝히는 빛이 아니라 자신을 소모시키는 위험한 불길이 된다.

아무리 좋은 것이라도 지나치면 없는 것만 못하다. 열정이 아무리 삶을 풍성하게 만들지라도 절제되지 않으면 파멸일 뿐이다. 열정은 날개가 될 수도 있지만, 동시에 추락의 원인이 될 수도 있다. 한 번만 잘못 디디면 모든 것이 끝나는 위험이 바로 열정이다. 어떻게 사용하느냐에 따라 날개가 될 수도, 나를 추락시키는 강력한 힘이 될 수도 있다. 과잉된 열정은 자극이 아니라 타락이다.

13

"겪어본 사람이
궁핍을 덜 두려워한다"

- 아르투어 쇼펜하우어 -

정신적인 강인함

가난은 경험하지 못한 이들에게는 두려움과 공포의 대상으로 여겨진다. 하지만 실제로 궁핍과 결핍을 겪어 본 이들에게 그것은 낯설고 두려운 존재가 아니다. 삶의 어두운 얼굴을 직접 마주한 사람은 오히려 초연한 눈으로 바라보게 된다. 이미 겪어 본 익숙한 현실일 뿐 결코 미지의 두려움이 아니다.

가난을 경험한 사람은 그 안에서 살아가는 방법을 배운다. 삶이 고통스럽고 힘들었을지언정 그 상황에서 살아남는 법을 자연스레 익힌다. 아무리 힘든 상황이 와도 인간은 결국 적응하게 된다. 처음에는 절망스럽고 고통스러울지라도 시간이 지나면 자신만의 방식으로 버티고 살아가는 법을 터득하게 된다. 결핍을 겪어 본 사람은 막연히 두려워하는 대신 현실적으로 받아들이고 대처하는 방법을 알고 있다. 삶의 어떤 순간에 다시 결핍으로 돌아갈 수 있다는 사실을 두려워하지 않는다. 오히려 스스로에게 이렇게 말할 수 있는 힘을 가지게 된다.

"이미 바닥을 찍어 봤다. 다시 돌아간다고 해도 나는 버틸 수 있다." 이러한 마음가짐은 불확실한 미래를 마주하는 힘을 준다. 가난을 경험한 사람은 삶의 불확실성과 불안에 덜 흔들린다. 이미 가장 깊은 고통을 경험했기에 역설적으로 마음의 단단한 기반이 생기는 것이다. 반면 한 번도 가난을 경험하지 않은 사람은 한없이 취약하다. 그들은 부유함과 편안함이라는 방어막을 잃을 때 벌어지는 일을 상상조차 하지 못한다. 미지의 상황은 언제나 두려움을 동반하기 마련이고, 특히나 결핍과 궁핍은 상상만으로도 공포심을 자극한다. 혹은 자신과는 전혀 상관없는 일이라며 상상조차 하지 않을 수도 있다. 하지만 인생은 무슨 일이 일어날지 아무도 모르는 것이다. 부유함에 익숙해진 사람은 자신이 가진 것을 잃었을 때 회복할 수 없는 타격을 입는다. 그들에게 있어서 삶이란 소유와 안정성 위에 세워진 구조물이다.

 가난을 겪어 본 사람, 지독한 결핍에 시달려 본 사람, 그런 사람들에게 부(富)는 오히려 부담 없는 선택지처럼 느껴진다. 물론 부유함은 삶을 더 편안하게 만들지만 그것이 사라지더라도 생존할 수 있다는 자신감을 가지고 있다. 처음부터 부유함만 경험한 사람과는 정신의 강인함이 다르다. 가난을 경험한 사람은 삶이란 어떤 상황에서도 계속된다는 것을 알기에 정신적인 저력이 형성되어 있다. 어려움이 닥쳐도 그 어려움 속에서 다시 일어설 수 있는 힘이 있다. 단순히 불행한 과거로 치부하지 않고 자신이 어려움을 극복할 수 있는 능력을 증명한 삶의 증거로 바라본다.

 결국 가난을 아는 사람은 부를 잃는 것에 대해 본능적인 두려움을 가지지 않는다. 자신의 삶을 완전히 파괴할 만큼 무서운 0일이라고 생각하지도 않는다. 이미 결핍 속에서 살아가는 법을 몸과 마음으로 익혔기 때문이다. 그래서 그들은 삶의 어떤 풍파 속에서도 자신을 지킬 힘과 지혜를 지니게 된다. 이것이 가난을 겪어 본 사람만이 가지는 특권이다. 삶의 최저점을 경험한 사람만이 삶의 최고점과 최저점 사이 어디에서나 흔들리지 않을 수 있는 힘을 가진다. 가난은 단지 불행한 사건이 아니다. 이겨 낸다면 삶의 어떤 순간에도 흔들리지 않는 강력한 힘을 만들어 주는 경험이 된다. 지독하게 궁핍해 보고 지독하게 결핍을 겪어 본 사람은 그것을 두려워하지 않는다.

14

"절제가 없는 부는
곧 사라질 신기루다"

- 아르투어 쇼펜하우어 -

부의 보호자

부유함은 가능성과 자유를 열어 주는 열쇠다. 부유함이 줄 수 있는 안정과 자유가 있다. 사람들이 가장 많이 추구하는 보편적인 욕망 중 하나인 것도 그런 이유 때문이다. 많은 사람이 신체적, 정신적, 혹은 물질적인 부를 원한다. 하지만 부 자체는 진정한 행복을 제공하지 않는다. 부는 단지 우리가 삶에서 필연적으로 겪게 될 고통이나 불행을 조금이라도 완화해 줄 수 있는 최소한의 방어막일 뿐이다. 중요한 것은 그 최소한의 방어막을 유지하기 위해서 단지 부를 얻는 데서 그치지 않고, 그 부를 어떻게 유지하고 관리하느냐가 관건이다. 결국 얻는 것보다 지키는 것이 훨씬 더 어렵다.

부유함을 얻으면 사람들은 그것을 소비하고 향유하는 데 집중한다. 그러나 부는 소비의 수단이 아니라 닥쳐올지도 모르는 미래의 위기에 대비하기 위한 수단이다. 결코 지속적인 만족이나 영원한 행복을 약속하지 않는다. 오히려 무분별하게 소비되는 부는 또 다른 결핍의 원인이 된다. 절제는 부를 지키기 위한 필수적인 조건이다. 절제란 순간적인 욕망이나 충동을 통제하는 것이다. 미래의 불확실성에 대비하여 참는 것이다. 절제가 없는 사람은 순간의 욕구를 충족하기 위해 재산을 쉽게 낭비한다. 결국 부를 보호하기 위한 방어막을 스스로 허물어 버린다.

욕망을 통제한다는 것은 한 개인이 더 나은 삶을 살기 위해서 반드시 필요한 능력이다. 욕망이 늘어나면 늘어날수록 더 많은 부가 필요하게 된다. 하지만 욕망은 완전히 충족되지 않고 오히려 더 큰 욕망이 생겨난다. 그렇다면 인간은 더 큰 부를 원하게 된다. 인생에서 피할 수 없는 고통을 완화하는 역할로 부가 작용하기 위해서는 자신이 가진 것을 신중하게 유지해야 한다. 필요 이상의 것을 탐하지 않는 현명함이 필요하다. 명심해야 할 것은 부가 주는 진정한 가치는 일시적 쾌락을 얻는 게 아니라는 것이다. 미래의 고통을 최소화하는 데 그 가치가 있다는 것을 잊어서는 안 된다.

부의 진정한 보호자는 절제다. 절제가 없다면 부는 잡히지 않는 신기루일 뿐이며 결국 스스로를 망가뜨리는 덫이 된다. 오직 절제를 통해서만 부는 우리를 지켜 주는 견고한 방벽으로서의 가치를 지닐 수 있다.

15

"지혜가 성숙하려면
시간이라는 대가가 필요하다"

- 아르투어 쇼펜하우어 -

지혜의 뿌리

깊은 우물의 물을 길어 올리기 위해서는 수없이 반복해서 두레박을 내려야 한다. 한 번의 노력으로는 결코 물을 얻을 수 없다. 성급히 힘을 써서 억지로 물을 퍼 올리려고 하면 오히려 두레박만 깨진다. 힘을 쓴다고 해서 더 빠르게 물을 길어 올릴 수 있는 건 아니다. 지혜 역시 이와 같다. 지혜란 결코 즉시 얻어질 수 없다. 반드시 긴 시간과 노력이 필요하다.

지혜는 단순히 정보를 축적하거나 지식을 나열하는 것과는 본질적으로 다르다. 지혜는 수많은 경험을 통해 축적된 통찰이다. 여러 상황에서 다양한 선택을 하며 때로는 성공하고 때로는 실패하는 과정을 반복해야만 지혜에 가까워진다. 이러한 경험의 축적은 결코 빠른 시간 내에 이루어질 수 없다. 마치 나무가 성장하기 위해 햇빛과 비, 계절의 변화를 견뎌야 하듯, 지혜 또한 시간이라는 영양분을 필요로 한다.

많은 사람이 놓치는 진리 중 하나는 지혜는 실수를 통해서도 배울 수 있다는 것이다. 사람들은 대개 실수를 두려워하지만 사실 실수는 지혜로 가는 필수 과정이다. 실수를 통해 자신의 판단과 행동을 다시 돌아보고 반성한다. 그때 더 올바른 판단력을 갖추게 된다. 실수하지 않았다면 과연 자신의 행동을 돌아볼까? 인간은 그런 존재가 아니다. 잘못되고 깨졌을 때야 되돌아보고 반성을 시작한다. 이런 과정 역시 즉각적으로 얻어질 수 있는 것이 아니라 긴 시간과 인내를 통해서만 가능하다.

이처럼 지혜에 시간이 필요한 이유는 단순한 결론이 아니라 경험의 축적이기 때문이다. 단 한 번의 어떤 경험으로 지혜를 얻을 수는 없다. 마치 무언가를 깨달은 것처럼 느껴지겠지만 그 깨달음은 쉽게 사라지는 것이다. 하지만 같은 깨달음을 여러 번 느끼거나 시간이 지나면서 천천히 조금씩 느꼈다면 그땐 이야기가 달라진다. 그 깨달음은 잠깐 느끼고 사라지는 것이 아니라 오래도록 내게 머무는 지혜가 된다. 성숙한 지혜는 절대 서둘러 얻을 수 없다. 깊은 샘에서 물을 길어 올릴 때 천천히 그리고 꾸준히 노력하듯 지혜 역시 무엇보다도 오랜 시간이 필요하다. 지혜의 가치는 속도에 있지 않다. 빠르게 얻는다고 해서 좋은 것이 아니라 오랜 시간 동안 다듬고 성숙해지면서 무게가 생긴 지혜가 좋은 것이다.

시간을 들이지 않고 얻으려는 지혜는 결국 얕게 내린 뿌리다. 쉽게 흔들리고 사라진다. 반드시 시간이라는 대가를 통과한 지혜만이 오래 머문다.

16

"육체의 크기는 멀어질수록 작아지고 정신의 크기는 멀어질수록 커진다"

- 아르투어 쇼펜하우어 -

정신과 육체의 크기

언제나 눈앞에 있는 것, 손에 닿을 듯 가까운 것은 더 크게 느껴진다. 존재의 전부인 듯 선명하게 느껴진다. 눈에 보이는 외적 모습이 바로 그렇다. 그러나 이런 외형적인 존재감은 일정한 거리를 두고 물러설 때 급속히 작아진다. 키가 큰 사람이라도 몇 걸음 멀어지면 작아 보이고 마을에서 가장 높은 건물조차 멀리서 바라보면 장난감처럼 느껴지는 것이 그런 이치다.

그러나 정신의 크기는 반대다.

가까이 있을 땐 잘 드러나지 않는다. 한 사람의 정신적 깊이나 사상의 위대함은 단숨에 파악하기 어렵다. 오히려 그 사람과 멀리 떨어졌을 때 더 분명해진다. 가까운 거리에서는 평범하고 단순하게 보였던 존재가 시간이 흐를수록 진정한 가치를 드러낸다. 당대의 사람들에게 이해받지 못했던 철학자, 작가, 예술가의 가치는 긴 시간이 흐른 뒤에서야 비로소 거대한 정신적 크기로 나타나 세상을 뒤흔들었다. 그들의 진정한 모습은 거리를 두고 바라보아야 비로소 뚜렷해지는 것이다.

정신의 위대함이 시간이 흐를수록 더 선명해지는 이유는 간단하다. 육체의 크기는 물리적 공간을 차지할 뿐이지만, 정신의 크기는 시간을 통해 무한히 확장되기 때문이다. 사상의 가치는 당장 눈앞에 있지 않고 사람들에게 쉽게 이해되지 않을 수 있다. 하지만 그것은 천천히 숙성되고 서서히 사람들 삶에 스며들어 수많은 이들의 삶을 변화시킨다. 정신적 크기는 단순히 시각적으로 볼 수 있는 게 아니기 때문에 놓치기 쉽다. 이러한 사실은 우리의 인생에도 중요하다. 당장의 인기에 급급하거나 즉각적인 찬사를 얻기 위해 내면의 깊이를 소홀히 한다면 무슨 일이 일어날까? 겉모습은 크지만 멀어질수록 그저 작아지는 사람으로 머물 뿐이다. 반면 깊이 있게 살아가며 자신만의 내적 가치를 키워 나가는 사람은 현재 눈에 잘 보이지 않더라도 오랜 세월이 흐른 뒤 큰 존경과 찬사를 받게 될 것이다.

물리적 크기가 아니라 정신적 크기를 키우는 데 집중해야 한다. 외형의 크기는 멀리서는 보이지 않지만 정신적 크기는 세월의 흐름 속에서 오히려 더 선명해진다. 우리가 어른이라고 부르고 존중하게 되는 사람은 과연 물리적 크기가 큰 사람인가? 그렇지 않다. 대화를 나눌 때 혹은 그 사람의 가치관을 알 수 있는 경험을 했을 때, 그 경험을 통해 상대방의 깊이를 알게 될 때, 그때 우리는 누군가를 존경하고 어른이라 부른다. 이것이야말로 우리 삶을 어떻게 살아야 할지 알려주는 명확한 지표다. 결국 한 인간의 진정한 가치가 드러나는 때는 우리가 떠난 후 남겨진 시간 속에서다. 어떤 사람으로 남을 것인가? 그저 가벼운 사람으로 남을 것인가,

아니면 거대한 사람으로 남을 것인가? 그 차이는 정신의 크기로 결정될 것이다.

17

"이성은 미래를 비춰주는 등불이다"

- 아르투어 쇼펜하우어 -

이성, 조용한 예언자

예언자 하면 무엇이 떠오르는가? 신비하고 어두운 동굴에서 신의 목소리를 듣고 운명을 점치는 존재가 떠오르는가? 미래를 투시하는 힘을 가진 사람이라고 생각하는가? 우리가 매일 살아가는 삶에도 조용히 곁에서 미래를 예언하는 존재가 있다. 바로 우리의 '이성'이다.

이성은 끊임없이 작동하는 예측 시스템과 같다. 무언가를 결정하기 전에 이성은 우리가 선택할 수 있는 행동을 조용히 분석한다. 그것이 가져올 결과를 미리 펼쳐놓는다. 어떤 행동을 하면 어떤 결과가 기다리고 있는지 작은 조언자처럼 귓가에 속삭인다.

한 예로 어떤 사람이 오랜 친구와 사소한 의견 차이로 언쟁을 벌이는 상황을 생각해 보자. 순간의 화가 치솟아 그는 친구에게 가장 아프게 상처 줄 수 있는 말을 떠올린다. 감정에 휘둘리기 직전, 그의 이성은 침착하게 속삭인다. "그 말을 뱉으면 너희 관계는 영원히 되돌릴 수 없을 만큼 망가질 것이다." 하지만 감정에 사로잡힌 사람은 그 목소리를 외면하고 결국 친구에게 날카로운 말을 뱉고 만다. 몇 마디 말로 결국 우정은 영원히 망가진다. 관계의 파괴는 이미 이성이 분명히 예언했던 미래지만 감정의 격랑 속에서 그 목소리를 듣는 일은 쉽지 않다. 너무나도 희미하게 들린다.

이성이 정확한 예언자일 수 있는 이유는 이성이 지금까지 살아온 경험을 토대로 행동과 그 행동의 결과를 연결 짓기 때문이다. 우리는 어떤 선택이 가져올 미래를 이미 알고 있다. 문제는 우리가 그 목소리를 충분히 신뢰하지 않거나 무시한다는 것이다. 또한 이성의 예언이 조용히 전달된다는 점도 중요하다. 이성의 반대는 감정이다. 감정은 이성과 다르게 늘 소란스럽고 즉각적이다. 강렬하며 분노와 충동, 욕망, 질투 같은 감정은 이성의 잔잔한 속삭임을 쉽게 압도한다. 감정이 앞선 선택은 결국 후회만 남을 뿐이다.

  삶이란 이성의 말을 듣느냐, 듣지 않느냐의 선택을 매 순간 반복하는 과정이다. 감정의 목소리에 귀 기울이는 것은 쉽고 편안하며 즉각적인 만족을 줄지 모르지만, 이성의 예언을 따르는 것은 어렵고 불편하다. 심지어 때로는 버겁게 느껴질 것이다. 그럼에도 불구하고 현명함이란 이성의 작은 소리를 놓치지 않고 듣는 데서 비롯된다. 이성이라는 예언자는 우리의 삶을 더 지혜롭게 만들어줄 힘을 지녔다. 이 예언자가 속삭이는 미래를 신뢰하고 그 길을 따른다면 우리는 불필요한 후회와 상처를 상당히 줄일 수 있다. 하지만 그 조언을 무시한다면 언제나 그렇듯 후회만 남을 뿐이다.

  인간이 겪는 대부분의 불행은 이성이라는 예언자의 목소

리를 들었으나 외면한 순간에서 비롯된다. 이성의 목소리를 들을 것인가, 아니면 감정의 충동에 맡길 것인가. 그 차이가 인생을 결정한다.

18

"진정으로 뛰어난 자는
약점을 드러낼 줄 안다"

- 아르투어 쇼펜하우어 -

위대한 사람의 특징

위대한 사람은 어떤 특징을 가지고 있다고 생각하는가? 훌륭한 인품? 더 많은 지식? 실패해도 굴하지 않는 굳은 마음? 그것보다 더 가치 있는 일은 자신의 약점을 굳이 숨기려 하지 않는다는 것이다. 자신의 실수와 약점을 자연스럽게 드러내며 마치 그것이 삶의 일부인 것처럼 받아들인다. 사람들은 완벽함을 숭배하고 약점은 철저히 감춰야 한다고 믿기 때문에 보통 사람의 생각과는 정반대의 개념이다. 그러나 진정으로 뛰어난 사람들은 이런 관습적인 믿음에서 벗어나 약점을 인정한다.

약점을 인정한다는 것은 이미 자신의 강점 역시 충분히 인지하고 있다는 뜻이다. 자기 자신을 객관적으로 볼 수 있기 때문에 약점이 단순한 약점에 그치지 않는다. 자신의 가치가 일부 결점이나 실패로 인해 쉽게 흔들리지 않는다는 것을 잘 안다. 굳이 숨기거나 부끄러워하지 않는 것도 그런 이유 때문이다. 이런 모습은 타인과의 신뢰를 구축하는 데 매우 효과적일 수 있다. 사람은 결코 완벽하지 않으며, 누군가가 자신의 완벽하지 않은 모습을 스스로 인정할 때 신뢰가 쌓이기 때문이다. 사람들은 완벽한 사람보다 진정성을 가진 사람에게 더욱 공감한다.

자신의 약점을 극도로 숨기고자 노력하는 사람은 내면적으로 불안한 사람이다. 자신에게 진정한 강점이 있다고 믿지 못하기 때문에 결점 하나하나를 극도의 위협으로 받아들인다. 자신의 약점이 드러나는 순간 쌓아 올린 모든 것이 무너질까 봐 두려워한다. 오히려 이런 태도는 그 사람 자체를 더 취약하게 만든다. 숨기고자 하는 게 많을수록 더 큰 압박으로 돌아오고, 결국 진정한 자아와 멀어진 채 불안을 안고 살아가기 때문이다.

역사상 위대한 사상가나 예술가도 자신의 결점을 공개적으로 인정하고 나아가는 사람이 많았다. 실수나 약점을 인정하지 않으면 개선이 되지 않는다. 약점을 인정해야 그것을 보완하거나 극복하기 위한 현실적인 전략을 세울 수 있다. 자신이 무엇이 부족한지 정확히 알지 못하는 사람은 결점을 극복할 기회마저 놓친다.

약점을 드러내는 것은 진정한 힘과 자신감의 표현이다. 결점을 완벽하게 없앨 수는 없다. 하지만 그것을 인정하고 극복하며 살아갈 수 있다. 뛰어난 사람들은 자신의 불완전함을 받아들이고 그 불완전함 위에서 더욱 견고한 자신을 만들어 나간다. 내가 인정하는 순간 약점은 더 이상 약점이 아니다.

19

"인생의 행동과 선택은 모두 습관이 결정한다"

- 아르투어 쇼펜하우어 -

삶을 지배하는 보이지 않는 힘

살면서 수많은 결정을 내리고 그 결정이 곧 자신을 만든다고 믿는다. 하지만 자세히 들여다보면 우리의 삶 대부분은 의식적인 결정보다 무의식적인 습관에 좌우되고 있다. 매일 아침에 눈을 뜨기 시작해서 밤에 잠들기 전까지 반복적으로 하는 행동의 대부분은 습관에 의해 이루어진다. 습관은 자신이 생각하는 것보다 훨씬 더 강력하고 근본적인 삶의 힘이다.

인간의 행동과 삶의 모든 과정은 결국 '개인의 가장 뿌리 깊은 습관'에 의해 지탱된다. 흔히 습관은 무언가를 반복해서 행동하는 거라고 생각한다. 그러나 그것은 우리의 인격, 가치관, 심지어 삶의 방향까지 결정하는 무형의 힘이다. 습관이 형성되고 나면 자동으로 그 습관을 따라 행동하게 된다. 우리가 뭔가를 했을 때 대부분 의식적인 선택이라고 믿지만 사실 오랜 기간 동안 반복되며 내면 깊숙이 자리 잡은 습관의 힘이다. 습관이 우리의 의지보다 훨씬 더 큰 힘을 갖는 이유는 바로 여기에 있다. 의식적인 결정보다 빠르고 강력하게 행동을 지배하기 때문이다.

자신이 왜 바쁜지, 왜 항상 피곤한지 제대로 이해하지 못한 채 삶에 쫓겨 산다. 스트레스의 원인을 외부 환경에서 찾으려고 하지만 사실 삶의 피로와 불만의 상당 부분은 자신이 무의식적으로 반복하고 있는 부정적 습관일 가능성이 크다. 나의 생활에 어떤 악순환을 만들어 내는 습관이 존재하는 것이다. 하지만 그렇다고 해서 습관이 무조건 안 좋은 것만은 아니다. 오히려 긍정적인 습관은 삶을 좋은 방향으로 이끌 수 있는 가장 강력한 무기가 될 수 있다. 나도 모르게 한숨을 쉬는 버릇이 있다고 해 보자. 한숨을 계속 쉬면 한숨을 쉴 만한 일이 생긴다. 반대로 아주 잠깐이라도 규칙적으로 운동하는 습관이 있다면 체형이 바뀐다. 아주 잠깐이라도 독서를 하는 습관이 있다면 나도 모르는 사이에 지식과 통찰력이 쌓인다. 습관이 중요한 것은 작은 습관이라도 장기적으로 축적되면 엄청난 변화를 만들어 내기 때문이다. 습관의 힘은 이처럼 양날의 칼이다. 어떤 습관을 가지느냐에 따라 삶은 전혀 다른 방향으로 흘러가게 된다.

자신이 반복하는 습관을 의식적으로 점검하고 개선하는 태도를 가져야 한다. 내 습관이 삶에 긍정적인 영향을 미치는지 부정적인 영향을 미치는지 냉정히 판단해야 한다. 무의식적이고 습관적인 행동을 끊임없이 의식하고 바꿔 나가려 노력할 때 삶을 원하는 방향으로 바꿀 수 있는 힘이 생긴다. 삶의 변화는 거대한 결심에서 시작되지 않는다. 아주 작고 사소한 습관의 변화에서 출발한다. 이제 우리가 해야 할 일은 습관의 힘을 올바르게 이해하고 활용하는 것이다. 나의 삶을 확실하게 바꾸기 위하여.

20

"조급한 일반화는 인생에
사라지지 않는 흉터를 남긴다"

- 아르투어 쇼펜하우어 -

인생의 흉터

사람은 무엇이든 빠른 것을 좋아한다. 뭔가를 위해 노력하면 빨리 결과가 나오길 바라고 자신이 겪는 고통이 빨리 지나가길 원한다. 그러한 인간의 습성은 자신의 경험과 지식을 빠르게 정리하기 위해 쉽게 일반화의 오류를 저지른다. 빠르게 정리하고 이해하려는 본능적인 욕구가 스스로를 함정에 빠트리게 한다. 일반화는 인간의 사고에 내재된 오류 중 가장 심각한 것이다. 급하게 얻은 몇 가지 사례를 가지고 마치 그것이 모든 상황에 적용될 수 있는 법칙인 것처럼 성급하게 결론짓는다. 그렇게 서둘러 정립한 판단은 평생 자신의 사고를 왜곡시키는 편견이 되어버린다.

  인간의 마음은 기본적으로 무언가를 이해할 때 단순화하려는 성향이 있다. 복잡하고 무질서한 세상을 살아가기 위해 여러 현상을 최대한 단순하게 해석하려고 한다. 문제는 이러한 단순화 과정이 현실의 복잡성을 제대로 반영하지 못할 때 나타난다. 현실은 항상 우리가 생각하는 것보다 훨씬 더 미묘하고 다양하다. 조급한 일반화의 대표적인 예는 타인에 대한 판단에서 자주 나타난다. 사람은 흔히 한두 번의 경험만으로 타인의 성격을 확정 지어버리는 오류를 범한다. 어떤 사람이 처음 만났을 때 친절했다고 해서 그 사람이 영원히 친절한 사람이라고 단정 짓는 일, 혹은 특정 집단의 사람을 만나 부정적인 경험을 했다고 해서 그 집단 전체를 부정적으로 판단하는 일이 그렇다. 이렇게 잘못된 인식은 사고를 좁히고 삶의 경험을 제한다. 때로는 다른 사람과의 관계 형성에도 큰 방해가 된다.

더욱 심각한 문제는 이러한 성급한 판단이 개인의 가치관으로 고착화 되는 것이다. 한번 형성된 편견은 마치 돌에 새겨진 글씨처럼 지우기 어렵다. 자신의 판단이 틀렸다는 것을 인정하는 일은 자존심에 큰 상처를 주기 때문에 많은 사람이 자신이 만든 오류를 고치려고 하기보다 오히려 그 오류를 더욱 단단히 지켜 가려 한다. 이로 인해 평생 잘못된 믿음을 고집하면서 살아가는 사람이 적지 않다.

이런 편견이 심화되면 점점 세상을 보는 눈이 좁아진다. 잘못된 판단을 기준으로 세상을 바라보는 사람은 자신의 믿음에 맞는 정보만을 선택적으로 받아들인다. 자신이 만든 성급한 결론과 일치하지 않는 사실은 무의식적으로 외면한다. 혹은 왜곡해서 자신에게 맞게 해석한다. 자기 확증 편향이라는 심리적 함정에 빠져 있는 그대로 보지 못하고 자신이 믿고 싶은 대로만 보게 된다. 성급히 내린 결론은 때때로 일시적인 안도감을 줄지 몰라도 장기적으로는 큰 문제를 야기한다. 지혜는 성급한 결론이 아니라 열린 마음과 신중한 사고에서 비롯된다.

결론을 서두르지 않는 신중함이 필요하다. 조급한 일반화는 간편하지만 그 결과는 파괴적이다. 올바른 판단은 언제나 서둘러 얻어지는 것이 아니라, 오랜 시간에 걸쳐 꾸준히 숙성되는 것이다. 성급하게 내린 판단은 삶 전체에 걸쳐 계속 우리를 잘못된 길로 인도한다. 지혜란 빠르게 결론을 내리는 능력이 아니라 결론을 내리기 전에 충분히 오래 기다릴 수 있는 인내심에 있다. 급히 쌓은 탑은 반드시 무너지고 섣불리 판단한 생각은 결국 자기 자신을 가두는 감옥이 된다.

21

"사람은 자신의 본성을
벗어날 수 없다"

- 아르투어 쇼펜하우어 -

본성에 맞는 삶

모든 사람은 자신만의 독특한 개성을 가지고 태어난다. 어떤 사람은 강한 지적 호기심과 창의력을 가지고 있다. 또 어떤 사람은 타고난 신체적 힘과 활동성을 가진다. 이러한 개성은 삶의 선택을 결정짓는 중요한 기준이다. 예를 들어 신체적으로 매우 강한 사람이 책상 앞에 앉아 섬세한 작업을 평생 해야 한다면 결코 행복할 수 없을 것이다. 마찬가지로 뛰어난 지적 능력을 가진 사람이 육체적인 노동을 강요

받는다면 그 역시 불행을 피할 수 없다.

　삶을 살다 보면 자신을 둘러싼 환경이나 상황을 탓하며 불만을 품는 경우가 있다. 하지만 결국 삶을 규정하는 가장 큰 요소는 각자 타고난 본성과 기질이다. 인간은 아무리 노력해도 자신의 개성을 완벽히 벗어날 수 없다. 많은 이들이 성공이나 부를 추구하며 자신이 타고난 본성을 무시한 채 외부적 조건에만 집착하기도 한다. 그러나 이렇게 자신의 본성을 무시하고 외부의 기준만을 따르는 삶은 공허로 끝나기 마련이다. 각자에게 주어진 본성을 진심으로 이해하고 수용하는 것이 삶의 만족을 찾는 첫걸음이다.

　개성이란 단순히 개인적 취향이나 취미 이상의 것이다. 삶 전체를 관통하는 근본적인 성향이자 타고난 본질 그 자체다. 이 본질을 외면하고 억지로 다른 사람이 되려 하면 고통의 끝을 경험할 것이다. 자신이 진정으로 원하는 것이 무엇인지 혹은 어떤 본성을 타고난 사람인지 깨닫지 못하면 내면의 갈등과 불행을 경험하게 된다.

우리가 추구해야 하는 삶의 목표는 자신이 타고난 본성을 최대한 실현하고 발전시키는 것이다. 자신의 개성을 있는 그대로 인정하고 그것이 발휘될 수 있는 길을 선택할 때 행복한 삶을 살 수 있다. 자기의 본성과 맞지 않는 삶은 지옥 그 자체다. 삶이란 결국 자신을 발견하고 받아들이고 성장시키는 여정이다.

누구도 믿지 마라.

그래야 오히려 가까워진다.

2장 "욕망과 관계"

22

"인간은 모두가
가면 뒤에서 산다"

- 아르투어 쇼펜하우어 -

가면 속 진짜 모습

사람은 각자 맡은 역할에 따라 다양한 가면을 쓰고 살아간다. 직장에 가면 누구나 유능하고 성실한 직장인의 가면을 쓰고, 가족과 있을 때는 자상하고 책임감 있는 가족 구성원의 얼굴을 보여 준다. 친구들과의 만남에서는 즐겁고 유쾌한 친구의 가면을, SNS에서는 성공적이고 행복한 사람의 이미지를 꾸민다. 이처럼 끊임없이 자신을 포장하며 가면 속에 숨는다.

쇼펜하우어는 우리 사회를 거대한 가면무도회에 비유하고, 그 이면에 감춰진 사람들의 진짜 모습을 냉철하게 꼬집는다. 그의 말에 따르면 겉으로 보기엔 존경스럽고 고결한 사람조차도 그 이면에는 개인적 이익이나 탐욕이 자리 잡고 있다. 법의 이름으로 타인을 억압하거나 애국심과 공익이라는 명분 아래 개인적 이득을 취하며, 순수한 종교적 신념 뒤에서도 물질적 이익을 추구하는 이들이 있다는 것이다.

이렇듯 가면은 여러 가지 의미로 사용된다. 전자의 가면이 일종의 사회적 역할을 나누는 것이라면, 후자의 가면은 그것보다는 조금 더 심오하다. 자신의 본래 모습과 의도를 철저히 숨기는 것이다. 그러나 이렇게 가면을 쓰는 이유는 단지 위선이나 탐욕 때문만은 아니다. 많은 사람이 본래의 자신을 드러냈을 때 상처받거나 거부당할 것을 두려워하기 때문이다. 사회적 기준에 맞지 않는 자신을 감추고 보호하기 위해 가면을 쓰게 된다.

본래 모습을 숨기는 것은 자신을 보호하기 위한 본능적인 행위이기도 하다. 하지만 그 가면이 너무 단단히 고정되어

버리면 결국 진짜 자신을 잃고 방황하게 된다. 오랜 기간 가면을 쓰다 보면 그것이 진짜 자신이라 착각하게 되고, 어느새 자신의 감정과 욕구마저 스스로 속이게 된다. 자신이 원래 누구인지, 무엇을 원하는지 점차 잊고 살게 되는 것이다. 진정한 행복과 만족은 결국 본래의 나를 발견하고 받아들일 때만 찾아올 수 있다.

진정한 자신과 마주한다는 건 두려운 일일 수 있다. 그럼에도 불구하고 쇼펜하우어는 우리에게 가면을 벗고 자신의 내면과 직면하는 것이 진정한 자유를 얻는 길임을 알려 준다. 가면을 벗는 순간 우리는 타인의 시선에서 자유로워지며 진정한 자기 자신과 만나게 된다. 결국 진짜 행복과 의미 있는 삶은 가면 속이 아닌 본연의 자기 자신에게서 비롯된다. 가면을 벗고 본연의 나를 마주할 때, 우리는 비로소 참된 삶의 가치를 발견하게 될 것이다.

23

"예의는 이기심을 감추는 위선에 불과하다"

- 아르투어 쇼펜하우어 -

예의의 함정

현대 사회에서 예의는 필수적인 요소로 간주된다. 예의 바른 태도로 타인에게 좋은 인상을 심어 주고 원활한 인간관계를 유지하려고 노력한다. 예의를 갖추지 못하는 사람은 부정적인 인상을 주기 쉽다. 예의가 없는 사람은 타인과의 관계에서 원활하게 소통하기 어렵고, 결국 사회적 고립이나 갈등으로 이어진다.

과연 예의가 무조건 좋은 것일까? 현대인에게 꼭 필요한 자격 요건일까? 쇼펜하우어는 예의를 다른 관점으로 바라본다. 그는 예의를 '필수적 위장'이라고 표현한다. 예의란 결국 자신의 이기심을 숨기기 위한 사회적으로 허용된 위선이라는 것이다. 진정한 예의란 마음속에 있는 개인적 욕망이나 이기적인 의도를 타인에게 들키지 않고 사회적 관계를 원만하게 유지하기 위한 도구일 뿐이다. 본질적으로 각자 자신만의 욕망과 이익을 추구하며 살아가지만, 이를 드러내 놓고 행동하면 사회적 관계가 파괴될 수밖에 없다. 이러한 시각에서 보면 일상에서 보이는 예의는 종종 진심에서 우러나온 것이 아니라 타인의 호감을 얻거나 갈등을 피하기 위해 행하는 전략적 행동에 가깝다. 마치 광택이 나는 나무에 칠해진 왁스처럼 말이다. 왁스는 나무의 본래 상태를 가리고 더 아름답고 매끄럽게 보이게 하지만, 본질적으로는 외관을 꾸미기 위한 것일 뿐이다.

우리는 예의가 가진 위선적인 본질을 인정하면서도 그것을 현명하게 사용할 필요가 있다. 사회적 관계에서 예의가 없으면 마찰이 발생하고 관계가 파괴되기 쉽다. 결국 예의라는 위장을 적절히 사용하는 것은 필수적인 기술이다. 그러나 잊지 말아야 하는 함정이 있다. 예의가 단지 외부적인 행위에 그쳐서는 안 된다는 점이다. 예의를 지키면서도 동시에 내면적으로 진실되고 진정성 있는 사람이 되려고 노력해야 한다. 내면의 진실성 없는 예의는 위장에 지나지 않고, 진실성은 있어도 예의가 없으면 그것 역시 허울에 지나지 않는다. 내면의 진실성과 외면의 예의가 조화를 이룰 때, 비로소 건강하고 성숙한 인간관계를 형성할 수 있다. 외부의 예의는 유지하면서 동시에 내면에서도 상대를 진정으로 존중하고 이해하려는 노력이 있어야 한다.

예의를 '가짜 동전'이라고 부르지만 이 가짜 동전이 사회적 관계의 중요한 윤활유로 작용하는 이유가 있다. 예의를 통해 사회적 갈등과 오해를 최소화하고 더 나은 관계를 만들어 갈 수 있기 때문이다. 동시에 자신이 진정으로 느끼는 감정과 생각을 솔직히 표현하고 이해받을 수 있는 관계를 형성하는 것도 중요하다. 결국 온전한 인간관계는 내면의 솔직함과 외면의 예의가 서로 보완할 때 가장 깊은 가치를 갖게 된다.

24

"탐욕은 모든 욕망이 모여드는 마지막 정류장이다"

- 아르투어 쇼펜하우어 -

욕망과 탐욕

돈은 삶을 편하게 해 주는 수단이다. 누구나 일정 수준 이상의 재물이 있으면 여유롭고 행복한 삶을 누릴 수 있다고 믿는다. 하지만 어느 순간부터 돈은 삶의 수단에서 목적이 된다. 쾌락과 행복을 위해 돈을 쓰던 사람조차 어느새 돈 그 자체에 집착하게 된다.

젊었을 때는 돈을 쓰는 즐거움이 크다. 멋진 옷을 사고 친구들과 맛있는 음식을 먹으며, 멋진 여행지로 떠나 낯선 곳의 공기를 만끽하는 것은 젊음의 특권이다. 이 시절의 악덕은 낭비이며, 많은 사람이 이런 낭비 속에서 일시적인 행복을 맛본다. 하지만 시간이 지나면 몸은 쇠약해지고 욕망은 무뎌진다. 젊음의 순간들이 더 이상 매력적이지 않을 때, 사람들은 돈 자체에 점점 더 강하게 매달리기 시작한다. 감각적 욕망이 사라진 자리에 들어오는 것이 바로 탐욕이다.

이제 돈은 삶의 행복이나 편리함을 위한 도구가 아니라 끝없이 채워도 만족할 수 없는 욕망 자체가 된다. 가끔 주변에서 이런 모습을 발견한다. 경제적으로 여유가 충분함에도 불구하고 작은 지출마저 아끼며 돈을 모으는 사람들이다. 그들은 본래 목표했던 편안한 삶이나 행복을 이미 오래전에 넘어서, 숫자로 표현되는 자신의 재산 자체에만 의미를 둔다. 돈을 쓰는 순간 불안을 느끼고, 돈을 모으는 행위에서 안정감을 찾는다.

이렇게 극단적이지 않더라도 비슷한 모습을 쉽게 찾아볼 수 있다. 무의식적으로 더 많은 돈이 곧 더 많은 행복이라는 생각에 빠져든다. 충분한 물질적 안정에도 불구하고 "더 있어야 한다"는 불안에 사로잡혀 주변과 비교하며 더 가지지 못한 자신을 자책한다. 탐욕은 서서히 삶의 의미를 잠식하며, 정작 자신이 무엇을 원하는지도 알 수 없게 만든다.

탐욕은 결국 인간이 품을 수 있는 모든 악덕을 함축한다. 그것은 욕망이 소진된 후 남은 끝나지 않는 욕망이다. 일상에서 소소한 행복을 느낄 수 있는 능력을 잃어버린다. 만족하지 못하는 갈증에 끊임없이 시달린다. 그래서 우리는 끊임없이 자신을 돌보아야 한다. 과연 돈이라는 숫자에 매달리는 삶이 진정 원하는 행복인지, 아니면 더 의미 있는 것들을 놓은 채 불안의 늪에 빠지고 있는 건 아닌지 말이다.

탐욕이 삶을 지배하기 전에 일상 속 작은 행복과 소중한 사람들과의 관계에서 만족을 느끼는 법을 잊지 않아야 한다. 돈은 삶의 일부일 뿐, 삶 그 자체가 될 수 없다는 사실을 다시 한번 기억해야 한다.

25

"모든 결함은
한편으론 완벽하다"

- 아르투어 쇼펜하우어 -

본성의 양면성

"저 사람은 왜 저렇게 소극적이고 겁이 많을까?"

만약 지나치게 신중한 사람을 만났다고 가정해 보자. 많은 사람이 짧은 순간 판단을 내릴 것이다. 인간은 처음 누군가를 만날 때, 혹은 잘 알고 있다고 생각하는 사람이더라도 쉽게 판단하는 경향이 있다. 좋은 첫인상을 준 사람은 완벽한 사람처럼 보이고, 조금이라도 부정적 인상을 준 사람은 결함투성이로 낙인찍힌다. 그러나 어느 순간 나의 평가는 완전히 뒤집힌다. 시간이 지나면서 성격을 자세히 이해하게 되면, 신중한 사람은 사실 큰 실수를 미리 방지하는 지혜로운 성격임을 깨닫게 된다. 반대로 자신감 넘치고 당당해 보였던 사람은 시간이 흐를수록 그 자신감이 사실은 무모함이며 심각한 결과를 초래할 수 있는 위험한 특성임을 알게 된다.

사람들이 자주 범하는 실수는 한 가지 특성을 단지 표면적으로만 보고 너무 빨리 판단해 버린다는 점이다. 이 과정에서 우리는 그 사람의 실제 가치나 잠재된 장점을 놓치고는 한다. 인간의 특성이란 절대적으로 좋거나 나쁜 것이 아니라, 늘 상황과 맥락 속에서 평가되어야 한다. 주변을 한번 둘러보자. 지나치게 완벽주의적인 친구는 가끔 까다롭고 피곤한 존재로 느껴지기도 한다. 하지만 중요한 일이 생기거나 세심한 관리가 필요할 때, 가장 먼저 떠오르는 사람이 바로 그 친구다. 반면, 너무 여유롭고 대충 사는 듯 보이는 지인은 처음에는 무책임해 보일지 몰라도, 스트레스가 많은 상황에서도 항상 평온하고 여유 있는 태도를 가질 수 있는 사람이다. 그 사람 덕분에 주변 사람들을 진정시킬 수 있는 소중한 역할을 한다.

쇼펜하우어는 이러한 인간 본성의 양면성을 깊이 통찰했다. 완벽함과 결함은 서로 분리될 수 없는 한몸이다. 우리가 타인을 제대로 이해하려면 단순히 표면적으로 드러난 특성 하나만 보고 성급히 판단할 것이 아니라, 조금 더 시간을 가지고 다양한 측면에서 관찰하는 지혜가 필요하다. 또한 이것은 자기 자신을 바라볼 때도 마찬가지다. 자신이 가진 결함이나 부족한 점만 보며 좌절하기보다는, 그 결함 속에 숨어 있는 자신만의 장점과 잠재력을 발견하는 것이 중요하다. 내성적인 사람은 자신이 소극적이라는 생각에 괴로워하지만, 사실 그 내성적인 성격 덕분에 깊은 통찰력과 창의성을 가질 수 있다. 반대로 외향적이고 활발한 사람은 가끔 경솔하다는 비판을 듣지만, 동시에 타인과의 소통과 관계 맺기에서 남다른 강점을 보인다.

모든 사람은 각자 결함과 완벽함을 동시에 지니고 있다. 중요한 것은 완벽함과 결함을 있는 그대로 바라보고 자신의 특성을 어떻게 긍정적 방향으로 발전시킬 수 있는지 끊임없이 고민하고 노력하는 태도다. 성격의 단점에 매몰되지 말고, 그것이 가지고 있는 장점과의 연결성을 이해하고 받아들이는 것이 인간관계와 자기 성장을 위한 가장 현명한 길이다.

26

"도덕적 타락과 지적 무능력은
본질적으로 다르다"

- 아르투어 쇼펜하우어 -

통찰의 필요성

종종 도덕적 결함을 보이는 사람을 향해 무지하다고 얘기한다. 혹은 지적 능력이 부족한 사람이라고 단정 지어 버린다. 타인을 속이거나 해를 끼치는 사람을 보면 무언가를 배우지 못한 사람이라는 식으로 쉽게 결론을 짓는다. 그러나 쇼펜하우어는 도덕적 결함과 지적 무능력은 함께 등장하는 경우가 많지만, 근본적으로는 별개의 문제라고 말한다.

실제로 지적으로 뛰어난 사람이 윤리적으로 옳지 않은 행동을 하는 모습을 어렵지 않게 발견할 수 있다. 역사 속 유명한 독재자나 범죄자 중에서도 뛰어난 지능을 가진 인물들이 많았다. 그들은 탁월한 언변과 뛰어난 전략적 사고를 활용하여 자신들의 악행을 정당화하거나 숨기기도 했다. 지적 능력이 뛰어나면서도 도덕적 결함을 가진 사람들은 사회적으로 더욱 위험할 수 있다. 그들의 지적 능력은 악행을 숨기고 합리화하는 도구가 되기 때문이다.

반면 지적 능력이 떨어진다고 해서 모두가 도덕적으로 문제가 있는 것은 아니다. 때로는 교육적 기회를 갖지 못했을 수 있다. 사회적 환경이 열악했던 사람들 중에도 선하고 도덕적으로 높은 수준을 유지하는 이들이 많다. 그들은 뛰어난 지식이나 지적 능력이 없더라도 본능적으로 타인에게 해를 끼치는 행동을 피한다. 인간적으로 올바른 삶을 살아간다.

이러한 현상은 중요한 메시지를 담고 있다. 지적 수준과 도덕적 수준을 일대일로 대응시켜 판단하는 것은 매우 위험하고 잘못된 방식이라는 점이다. 어떤 사람이 도덕적으로 문제가 있다고 해서 지적 능력을 폄하하거나, 반대로 뛰어난 지적 능력을 가진 사람이 도덕적으로도 완벽할 것이라 추정하는 것은 잘못된 선입견이다.

도덕성과 지적 능력을 각각의 독립적인 특성으로 바라봐야 한다. 누군가를 판단할 때는 표면적으로 드러난 단면만 보지 말고, 그 사람의 전체적인 모습과 환경, 동기까지 깊이 이해하려는 마음이 필요하다. 도덕적 판단을 내릴 때 지적 능력의 유무나 수준을 연관 짓지 않고 독립적으로 평가하는 습관을 길러야 한다. 그것이 한 개인을 가장 올바르게 바라보는 방법이자, 내 주변에 두어야 하는 사람을 가장 객관적으로 바라볼 수 있는 태도다.

27

"인간은 본질적으로
끔찍하게 야만적인 짐승이다"

- 아르투어 쇼펜하우어 -

내재된 잔인성

현대 문명은 인간의 본성을 세련되게 포장하는 데 성공했다. 겉보기에는 평화롭고 안정된 사회, 예의 바른 사람들로 가득 찬 도시의 모습은 인간이 더 이상 야만적인 동물이 아니라는 것을 보여 주는 듯하다. 하지만 외면의 고요함 뒤에는 항상 억눌린 본능과 감춰진 폭력성이 자리 잡고 있다. 인간의 본성에 대해 환상을 품지 않아야 한다. 인간이 문명의 힘을 빌려 동물적 충동과 폭력성을 억누르는 데는 한계가 있다. 이 폭력성은 완전히 사라진 것이 아니라 언제든지 표면 위로 다시 떠오를 기회를 기다릴 뿐이다.

인간은 호랑이나 하이에나와 같은 맹수와 다를 바 없이 잔인하다. 상황만 갖춰진다면 문명의 가면을 벗어 던지고 언제든지 원초적인 야만성을 드러낼 수 있다. 극단적인 상황에서 쉽게 확인할 수 있다. 평소 온화하고 예의 바르던 사람이라도 큰 재난이나 불행 앞에 처하면 자신의 본능을 숨기지 못한다. 극단적이고 폭력적인 행동을 취하는 경우가 종종 있다. 역사적으로도 인간의 잔인함은 무수한 전쟁과 학살, 고문과 폭력 사건을 통해 반복적으로 드러났다. 쇼펜하우어는 이러한 역사적 사례를 통해 인간이 본질적으로 잔인한 존재라는 주장을 강화한다.

문제는 이러한 잔인성이 일상적이고 평범한 상황에서도 조용히 작동한다는 것이다. 사람들은 이런 충동을 흔히 무의식적으로 무시하거나 애써 부정한다. 하지만 자신을 솔직히 바라보면 사소한 질투심이나 악의적인 만족감을 느끼는 경우를 쉽게 발견할 수 있다. 가까운 사람이 작은 실패를 겪었을 때 자신도 모르게 안도하거나, 경쟁자가 좌절하는 모습을 은근히 즐기는 심리가 바로 그것이다. 이러한 감정은 드러내기 부끄럽고 부적절하게 느껴지기 때문에 대부분 감춰진다. 하지만 감춰진다고 해서 사라지는 것은 아니다. 인간은 단지 기회만 주어지면 언제든 숨겨진 잔인성을 표출할 준비가 되어 있다. 그 잔인성은 단순히 타인을 직접적으로 해치는 행위뿐만 아니라 무관심과 방관을 통해 간접적으로도 나타난다. 많은 사람이 타인의 고통과 불행을 외면하고 모르는 체하며 지나치는 일이 흔하게 일어난다. 이것 역시 본질적인 잔인성의 한 형태다.

인간 본성의 어두운 면을 직시해야 한다. 자신의 내면에 존재하는 이러한 충동을 무작정 부정하거나 숨기려 해서는 안 된다. 오히려 그 본능을 인정하고 인지하며 다스리는 것이 더 중요하다. 인간의 폭력성과 잔인성은 결코 사라질 수 없는 본질적인 속성이지만, 문명과 도덕의 힘으로 충분히 제어하고 관리할 수 있다. 쇼펜하우어는 바로 이 자기 인식과 제어가 문명의 가장 중요한 임무라고 본다. 인간이 필연적으로 가지고 있는 내재적 잔인성을 인정할 때 진정한 변화를 시작할 수 있다. 더 이상 자신을 속이지 않고 진실을 마주해야 할 때다.

28

"나 없이는 세상이 존재할 수 없고
세상없이는 내가 존재할 수 없다"

- 아르투어 쇼펜하우어 -

영원히 닿지 않는 거리

인간의 삶은 관계의 연속이다. 태어나면서부터 우리는 가족을 통해 자신이 누구인지 깨닫는다. 친구와의 관계 속에서 세상과 소통하는 법을 배운다. 어린 시절, 어머니가 따뜻하게 안아 주는 행동을 통해 아이는 자신이 사랑받고 있음을 느끼고 타인의 관심을 통해 자신의 존재를 처음 자각하게 된다. 학교에 다니기 시작하면 친구들이 나를 바라보는 시선을 통해 스스로가 어떤 사람인지 인지한다. 타인과의 상호작용을 통해 자신의 성격과 특성을 파악해 나간다.

그러나 그렇게 많은 관계를 맺으면서 살아온 인간이지만 진정으로 서로를 깊이 이해하고 연결되는 일은 드물다. 주변 사람들과 친밀하게 연결되고 싶어 하지만 동시에 설명하기 힘든 괴리감을 느낀다. 속마음을 나눴다고 생각했는데 여전히 서로를 완전히 이해하지 못하거나 오랜 시간을 함께 했음에도 불구하고 결정적인 순간에는 상대방이 낯설게 느껴지기도 한다. 이런 끝없는 간극은 어디에서 비롯되는 것일까?

이 근본적인 좌절은 주체와 객체의 철학적 관계를 통해 이해할 수 있다. 주체와 객체는 서로에게 절대적으로 의존한다. 즉 나는 타자, 세상을 통해서만 나 자신을 제대로 인지할 수 있다. 가령 어떤 사람이 외딴섬에 홀로 남겨졌다고 생각해 보자. 주변에 아무도 없고 타인과 상호작용할 기회가 없다면, 그는 자신이 어떤 사람인지 심지어 자신이 존재하는지조차 제대로 인지하기 어렵다. 그에게는 자신을 비춰줄 타인의 시선과 반응이 없기 때문이다.

반대로 세상도 우리의 인지 없이는 아무 의미도 없다. 완벽한 절경이 있다고 한들 그것을 보는 사람이 없다면 풍경이 아름답다는 개념 자체가 성립하지 않는다. 그것을 바라보는 내가 있을 때만 아름답다는 의미를 얻는다. 내가 존재하지 않으면 그저 물질일 뿐이다. 아름다움은 나타날 수 없다. 주체와 객체는 어느 한쪽이 다른 한쪽을 초월하거나 독립적으로 존재할 수 없다. 이러한 철학적 관점을 이해하면 관계의 한계를 보다 편안한 마음으로 받아들일 수 있게 된다. 완전한 이해와 공감이 아니라 상대의 존재 그 자체를 인정하고 받아들이는 태도가 형성되기 때문이다.

인간관계가 그토록 괴로운 이유는 우리가 상대방과 완벽히 하나가 되려고 하기 때문이다. 우리는 모두 서로에게 절대적으로 필요한 존재이며 의존성도 가지고 있다. 그렇기에 사람들은 진짜 소통이란 서로 하나가 되는 것이라고 생각한다. 하지만 진정한 소통은 서로가 결코 완전히 같아질 수 없다는 것을 받아들이는 데서 시작한다. 서로가 절대 같아질 수 없다는 것을 받아들이지 못한 상태로 관계를 이어 나가기 때문에 그토록 괴로운 것이다. 상대방과 나 사이에는 절대 닿을 수 없는 거리가 있다는 사실을 인정하면 서로의 차이를 이해하게 되고 서로의 다름을 존중하게 된다. 그 닿지 않음이 서로를 향한 호기심과 존중을 낳고 관계를 더 깊고 풍부하게 만든다.

결국 완벽한 일치와 이해라는 환상을 내려놓고 서로를 있는 그대로 바라볼 때 비로소 더 성숙한 관계가 가능해진다. 그것을 내려놓을 때 인간관계에 대한 괴로움도 사라지기 시작한다. 이것이 바로 쇼펜하우어의 통찰이 우리에게 전하는 위로이자 희망이다. 서로의 마음 끝까지 닿지 못하는 것은 외로움이나 결핍 때문이 아니라 오히려 관계의 아름다움을 만드는 근본적인 조건임을 깨닫는 것이다. 주체와 객체가 필연적으로 서로에게 의존하면서도 영원히 닿지 않는 거리를 유지해야만 괴로움이 사라진다. 영원히 닿을 수 없기에 나와 타인은 아름답다.

29

"결코 채울 수 없는 단 하나, 그것이 인간의 욕망이다"

- 아르투어 쇼펜하우어 -

채울 수 없는 그릇

그 어떤 시대보다 풍요로운 시대에 살고 있다. 과거 어느 시대보다 더 많은 것을 쉽게 구할 수 있으며 전례 없는 물질적 풍요와 편리함 속에서 살아간다. 그럼에도 불구하고 많은 사람은 여전히 결핍된 듯한 불안감을 떨쳐 내지 못한다. 왜 풍족한 환경 속에서도 끊임없이 부족하다고 느끼는가?

쇼펜하우어는 그 이유를 인간의 욕망의 본질적인 특성에

서 찾았다. 그는 인간의 욕망은 결코 채워질 수 없다고 말한다. 욕망은 만족을 얻는 순간 이미 다음 목표를 설정하며 끝없이 자신을 갱신하기 때문이다. 마치 밑 빠진 그릇에 물을 붓는 것과 같다. 아무리 많은 물을 채워도 결국 그릇은 채워지지 않는다. 이러한 현상은 물질뿐만 아니라 인간관계나 사회적 인정에 대한 욕망으로도 나타난다. 좋은 옷을 사는 순간 행복감을 느낀다. 만족스럽고 기쁘다. 하지만 잠시다. 시간이 지나면 행복감은 빠르게 사라지고 다시 더 좋은 물건에 대한 욕망이 생겨난다. 누군가의 환심을 간절히 원해 마침내 그 환심을 얻었다고 하자. 처음에는 충분할 것 같지만 곧 상대방에게 더 강력한 환심을 요구하게 된다. 상대에게서 얻은 것에 만족하기보다 자신이 원하는 방식대로 충족받길 원한다. 욕망은 끝없이 스스로의 기준을 높이며 만족의 순간을 더 짧게 만든다.

그렇다면 욕망의 본질이 끊임없는 불만족이라면 인간은 영원히 행복할 수 없는 존재일까? 쇼펜하우어의 철학이 전하는 진정한 메시지는 욕망의 본질을 이해하고 통제함으로써 삶의 만족과 행복을 찾을 수 있다는 것이다. 그러기 위해서는 욕망이 채워지지 않는다는 사실을 받아들여야 한다. 그래야만 끝없이 높아지는 기준과 과도한 기대에서 벗어날 수 있다. 삶의 가치를 외부 조건에 두지 않고 내면에서 찾아야 한다는 깨달음이 여기에서 비롯된다.

끝없는 욕망과 그것이 주는 고통에서 벗어나려면 욕망 자체를 없애야 하는 것이 아니다. 욕망의 특성을 이해하고 자신을 통제하는 지혜가 필요하다. 마치 불 같은 것이다. 불길을 잘 통제하면 삶의 이로움을 주지만 통제되지 않으면 모든 것을 태워 버린다. 욕망 역시 마찬가지다. 욕망을 억압하거나 완전히 없애려 하지 말고 그것을 현명하게 활용하여 자신의 삶을 풍요롭게 만들어야 한다.

덜 욕망하고 더 감사하라. 끝없이 채워지지 않는 욕망의 본질을 이해하고 이미 내가 가지고 있는 것의 소중함을 돌봐라. 욕망의 노예가 아니라 주인이 될 때 진정한 내적 충만함을 누릴 수 있게 된다.

30

"잘못된 행동 그 자체보다
잘못을 알고도 하는 행동이 더 악질이다"

- 아르투어 쇼펜하우어 -

도덕적 책임

살면서 마주하는 선택의 순간에서 인간은 늘 좋은 선택을 내리고 싶어 한다. 때로는 스스로의 선택이 옳지 않다는 느낌이 들어도 결국 그 길을 택한다. 합리화하거나 애써 외면하면서 자신의 선택에 대한 정당성을 확보한다. 모든 사람은 실수를 저지른다. 때로는 미숙하거나 무지하기 때문에 잘못된 결정을 내릴 수도 있다. 하지만 그런 실수 자체가 도덕적 죄라고 규정되는 것은 아니다. 문제는 행위를 선택할 때 이미 그것이 부적절하다는 것을 명확히 인식했음에도 불구하고 선택을 강행하는 경우다.

자신이 하는 행동이 타인에게 상처가 될 것을 알면서도 그 행동을 멈추지 못할 때 도덕적 책임을 지게 된다. 단순히 그릇된 선택을 했다는 사실이 중요한 것이 아니라 그것이 잘못임을 충분히 인지하고도 내면의 경고를 무시했다는 사실이 그릇된 것이다. 어떤 사람이 자신의 이익을 위해 직간접적으로 타인에게 피해를 입히는 행동을 했다고 가정하자. 만약 그 사람이 전혀 그 결과를 예측하지 못했거나, 그런 결과가 발생할 수 있다는 가능성을 상상조차 하지 못했다면 그 사람은 도덕적으로 무지한 상태였던 것이다. 하지만 만약 그 사람이 자신의 이익을 위해 행한 결정이 누군가에게 상처가 될 수 있다는 사실을 충분히 알고 있었다면 그 순간 더 이상 단순한 무지 속에 있는 사람이 아니라 명확히 도덕적 책임을 위반한 게 된다. 이때 그 사람이 느끼는 내적 고통과 죄책감은 단순한 실수에서 오는 것과는 차원이 다르다.

우리의 삶을 구성하는 수많은 행동과 결정은 단순히 좋은 것과 나쁜 것으로 나뉘어 있지 않다. 결정적 차이는 선택의 순간 우리가 무엇을 알고 있었느냐 하는 점에 있다. 결국 이 말의 핵심은 삶의 모든 순간에 더 깊고 성실한 자기 점검을 해야 한다는 것이다. 나의 행동이 타인에게 미치는 영향력을 끊임없이 생각하고 자신이 알고 있는 것을 무시하거나 회피하지 않아야 한다. 자기 자신에게 정직하게 살아가는 것이야말로 도덕적 존재로 살아갈 수 있는 유일한 길이다. 단순한 잘못은 용서받을 수 있지만 앎과 함께 저지른 잘못은 평생 지고 가야 할 무거운 도덕적 짐이 된다. 도덕적 책임이란 결국 선택의 순간에 내가 알고 있는 정의를 외면하지 않는 것이다.

31

"가까워지면 가까워질수록
상처를 주는 것, 그것이 인간이다"

- 아르투어 쇼펜하우어 -

고슴도치 딜레마

깊은 숲속에서 고슴도치 무리가 매서운 바람과 한기에 몸을 떨고 있었다. 하나둘씩 체온을 유지하기가 어려워지자 고슴도치들은 어떻게든 서로에게서 온기를 얻으려 가까이 모여들었다. 처음엔 서로의 온기가 반가웠다. 차가운 공기 속에서 함께 있으면 견디기 힘든 추위가 어느 정도 완화되는 듯 느껴졌다. 고슴도치들은 더욱 가까이 몸을 기대며 위안을 얻으려 했다.

하지만 예상하지 못한 문제가 생겼다. 서로 가까워질수록 상대방의 날카로운 가시가 고통스럽게 몸을 찔렀다. 처음에는 참아 볼 만한 수준이었지만 시간이 지날수록 더 가까이 다가가면 견디기 힘든 고통이 커져 갔다. 따뜻한 온기를 얻기 위해 거리를 좁혔는데 이제는 아픔과 상처가 생기는 고통으로 변해 버린 것이다. 고슴도치들은 결국 다시 조금씩 거리를 벌리기 시작했다. 서로에게서 다시 멀어지자 곧바로 추위가 온몸을 강타했다. 떨어지면 떨어질수록 차가운 바람과 고독이 밀려왔고 다시 가까워지려고 하면 가시에 찔리는 고통이 반복됐다.

몇 번의 시행착오 끝에 고슴도치들은 결국 서로에게 크게 상처 주지 않으면서도 적당히 온기를 나눌 수 있는 거리, 즉 서로를 아프게 하지 않으면서도 춥지 않게 지낼 수 있는 절묘한 간격을 발견하게 되었다. 완벽한 밀착은 아니지만 완벽한 고립도 아닌 최선의 타협점을 찾은 것이다. 그제야 그들은 상처 없이도 차가운 겨울밤을 함께 견딜 수 있었다.

사람의 인간관계 역시 고슴도치와 닮았다. 다른 사람과

의 관계에서 본능적으로 따뜻함과 친밀함을 갈구한다. 혼자서는 견딜 수 없는 외로움, 불안을 느끼기 때문이다. 그러나 막상 가까워지려 하면 예상하지 못한 상처를 경험한다. 서로를 이해하려는 과정에서 날카로운 면을 발견하게 되고 때로는 예상치 못한 말과 행동으로 마음이 깊이 찔리기도 한다. 그런 상황이 일어나면 마음의 문을 다시 닫고 상대와 거리를 두게 된다.

문제는 거리를 두면 마음이 편해야 하는데 그렇지 않다는 것이다. 외로움과 공허함이 다시 밀려온다. 혼자 있는 시간이 길어질수록 따뜻함에 대한 욕구는 더욱 강렬해지고 다시 사람들에게 다가가려고 한다. 그러나 다시 또 같은 문제에 부딪힌다. 사람과 사람 사이에는 필연적으로 서로를 찌를 수밖에 없는 날카로운 면이 존재하기 때문이다. 이상적인 관계는 결코 완벽한 상태를 의미하지 않는다. 관계에서 행복을 찾기 위해서는 서로의 아픈 부분을 완전히 없애는 것이 아니라 그 아픔을 최소화하면서도 따뜻한 온기를 유지할 수 있는 거리를 찾아가는 과정이 필요하다.

점점 타인과 관계 맺기를 두려워하고 고통을 피하려고 한다. 어떤 사람은 아예 관계 자체를 멀리한다. 하지만 고슴도치 비유가 보여 주는 진실은 명확하다. 행복하고 인간다운 삶을 살려면 관계에서 오는 상처를 감수해야만 한다. 우리가 할 수 있는 가장 현명한 일은 관계의 상처를 피하려고만 하는 것이 아니라 그것을 현명하게 관리하는 것이다. 자신의 가시를 인식하고 상대의 가시도 용납할 수 있는 너그러움과 지혜가 필요하다. 관계의 행복이란 균형 위에서만 얻을 수 있는 것이다. 고슴도치들이 찾아낸 최적의 거리처럼 서로에게 상처를 최소화하면서도 따뜻한 삶을 공유할 수 있는 균형점을 찾아야 한다. 가까워지면 가까워질수록 상처를 주는 것이 인간이다.

32

"한번 무너진 신뢰는
돌아오지 않는다"

- 아르투어 쇼펜하우어 -

신뢰의 중요성

사람이 사람에게 기댄다는 것은 모래 위에 집을 짓는 행위와 같다. 언제 무너질지 모를 위태로운 바탕 위에 가장 소중한 것을 올려놓는 위험한 선택이다. 모래는 마치 견고한 듯 보인다. 햇볕이 밝을 땐 흔들리지 않지만, 단 한 차례의 비로도 모든 것은 허물어진다. 작은 실수 하나가 모든 것을 순식간에 쓸어 가듯 믿음 역시 단 한 번의 배신으로 돌이킬 수 없는 파멸을 맞는다.

믿음이란 스스로의 노력, 의도와는 별개로 타인이 내리는 평가다. 자신의 행동이 흠이 없다고 확신해도 타인의 시선이 그렇지 않으면 모든 것은 헛될 뿐이다. 더욱이 한 번 깨진 믿음은 이전과 같은 상태로 결코 돌아갈 수 없다. 깨진 도자기의 금을 아무리 정교히 이어 붙인다고 해도 원래의 온전함을 되찾을 수 없다. 배신당한 마음은 어떠한 위로와 용서도 원상태로 돌이킬 수 없다. 인간 내면 깊이 자리 잡은 믿음이란 근본적으로 연약하다. 그것을 훼손하는 순간 형벌을 짊어지게 된다. 그 형벌이란 냉담한 시선이나 비난을 견디는 정도가 아니다. 세상으로부터 멀어지고 외로움과 무력감 그리고 모든 것에 대한 불신의 형벌을 짊어진다. 믿음을 저버린 이는 끊임없는 불안과 의혹의 시선을 견디며 존재 자체가 흔들리는 고통을 겪게 된다.

그런데도 인간은 종종 순간의 유혹, 이익을 위해 쉽게 배반을 선택한다. 한 번 무너진 믿음이 되돌릴 수 없는 심각한 결과를 초래한다는 것을 알면서도 일시적인 이득에 눈이 멀어 삶의 기초를 스스로 허물어 버린다. 믿음의 가치는 무겁고 엄숙한 것이다. 그것이 깨지는 순간 돌이킬 수 없으며 그

흔적은 평생 따라다닌다. 아무리 오래된 사이라고 해도 거짓말 한 번이면 관계가 끝난다. 상대가 배신당했다고 느낀 순간 모든 기억은 고통으로 변한다. 다시 순수한 마음으로 돌아갈 수 없다.

사람 사이의 유대는 눈에 보이지 않는 가장 강력하면서도 동시에 가장 허약한 끈이다. 한 번 끊어지면 어떤 노력으로 다시 온전히 이어 붙일 수 없다. 그 끈을 끊어지게 만드는 가장 빠른 방법이 신뢰를 깨는 것이다. 신뢰가 깨진 사이에는 고통만이 흐른다. 배신과 거짓이 얼마나 치명적인 독인지 잊어서는 안 된다. 배신은 영원히 지워지지 않는 흔적을 남긴다.

"지나친 친숙함은
존경을 앗아간다"

- 아르투어 쇼펜하우어 -

익숙함의 폐해

무언가가 오래 지속될 때 사람들은 익숙함을 느낀다. 익숙하다는 것은 함께한 시간이 많이 흘렀다는 것이다. 친숙함은 인간의 감정을 부드럽게 하고 서로 간의 이해를 깊게 만드는 힘을 가지고 있다. 반대로 처음 만나는 사람 사이엔 적당한 긴장이 존재한다. 상대방이 경계하는 것을 존중하고 말과 행동에 신중을 기한다. 그러나 시간이 지나 서로가 익숙해지면서 처음 가졌던 신중함은 무뎌지기 시작한다. 존중

역시 사라진다. 익숙함이란 원래 가졌던 상대에 대한 존경과 관심을 차츰 무디게 만든다.

친숙함은 본래 부드럽고 따뜻한 성격을 지닌 감정이다. 상대방에게 안정감을 주고 관계에 편안한 분위기를 만들어주는 긍정적인 역할을 한다. 그러나 친숙함이 도를 넘어서 지나친 익숙함으로 이어질 때 문제가 발생한다. 시간이 지날수록 서로가 자연스럽게 느껴지면 모든 것이 달라진다. 상대의 고유한 개성과 영역을 당연한 것으로 여기고 섬세하게 배려했던 행동이 줄어든다. 이러한 과정 속에서 상대는 점차 특별한 존재에서 평범하고 사소한 존재로 인식된다. 이러한 변화는 무의식적으로 진행되기에 더욱 위험하다. 상대의 존재가 당연해질수록 상대방을 더 함부로 대하게 되는 위험성이 높아지는 것이다. 인간은 본래 자신의 경험과 익숙함에 의존해 상대를 판단하기 때문에 상대를 새롭게 발견하려는 노력보다는 선입견에 빠지기 쉽다. 인간관계는 이렇게 서서히 무너진다. 익숙하다는 이유로 진지하게 대할 이유가 없어진다. 관심과 존중이라는 필수적인 감정이 소멸된 상태에서 관계는 조금씩 몰락한다.

친숙함이란 불가피하다. 결국 모든 관계는 친숙함으로 귀결되기 때문이다. 살아가면서 맺는 관계에서 문제가 생겼을 때 한 번은 되돌아볼 필요가 있다. 내가 지금 그에게 얼마나 익숙해졌는가? 혹은 익숙하다는 이유로 무엇을 놓치고 있나? 인간관계는 결코 노력 없이 유지되지 않는다. 끊임없는 관심과 노력 없이는 본질적으로 유지될 수 없다. 함께한 시간이 오래될수록 익숙함이란 함정에 빠진다. 그 함정에서 벗어나기 위해서는 익숙하다는 것의 본질을 이해하고 관계를 되돌아봐야 한다. 꼭 누군가에게 명백한 모욕을 하거나 무시를 하는 것만이 해를 가하는 것이 아니다. 익숙하다는 이유로 방치하는 것, 익숙하다는 이유로 소홀해지는 것, 익숙하다는 이유로 당연해지는 것, 그것 역시 일종의 경멸이다.

34

"허영심은 타인의 눈에서 오고 자존심은 내 마음에서 온다"

- 아르투어 쇼펜하우어 -

타인의 박수

자존심과 허영심은 자주 혼동되지만 그 뿌리는 전혀 다르다. 자존심은 스스로에 대한 명확한 확신과 평가에서 비롯된다. 타인의 평가와 무관하게 자신의 가치를 확고히 믿는 사람만이 자존심을 지닌다.

이와 달리 허영심은 타인의 인정과 관심에 의존하는 감정이다. 스스로의 확신 없이 주변 사람들의 박수와 칭찬에서 위안을 찾는 불안정한 욕구에 불과하다. 허영심은 겉에서 보기엔 무해한 듯 보이지만, 그 속을 들여다보면 인간을 가장 깊은 불안과 공허로 몰아넣는 위험한 감정이다. 끊임없이 타인의 눈치를 보고, 다른 사람의 칭찬과 관심이 끊어질까 전전긍긍하게 만든다. 타인의 시선에 따라 자신의 존재 가치가 오르내리기 때문에 삶 전체가 불안정한 줄타기와 같아진다. 한 번의 칭찬에 기뻐 날뛰었다가도 작은 비판 하나에 무너지기 쉬운 것이 바로 허영심을 가진 사람의 모습이다.

허영심은 타인의 시선에 완전히 종속되어 삶을 피곤하게 만든다. 계속해서 외부의 인정을 찾아 헤매느라 본래 자신이 원하는 삶을 잊게 만들고 결국 자신의 삶을 살지 못하게 만든다. 타인의 기대를 충족시키는 것이 삶의 가장 중요한 우선순위가 된다. 타인이 쥐고 있는 기준에 매달려 산다면 결국 타인의 꼭두각시로 전락하고 만다. 반면 자존심은 결코 외부에서 빌려 올 수 있는 것이 아니다. 오직 자신이 평가한 자신의 가치에 따라 생겨나는 것이다. 자존심이 있는 사람은 타인의 평가가 긍정적이든 부정적이든 크게 흔들리지 않는다. 비판에도 지나치게 움츠러들지 않으며 칭찬에도 오만해지지 않는다. 자존심은 조용한 자신감이다.

허영심을 가진 사람은 결국 타인의 평가가 멈추면 자신의 인생도 멈춘다. 타인의 인정이 사라지면 자신의 인생도 사라진다. 허영심에 기대는 삶이란 타인의 박수 소리에 따라 춤을 추는 슬픈 광대와 같다.

35

"사랑하면 모든 것이 아름답게 보이고
미워하면 모든 것이 흉하게 보인다"

- 아르투어 쇼펜하우어 -

사랑과 증오의 공통점

사랑의 반대말은 증오다. 하지만 두 가지 감정에는 공통점이 있다. 바로 올바른 판단을 내리지 못하게 만든다는 것이다. 누군가를 사랑할 때 우리는 그 사람의 장점은 한없이 확대하여 바라보고, 결점조차 매력적인 개성의 일부로 치부해 버린다. 사소한 실수도 귀엽고, 결함도 사랑스럽게 느껴지며, 어떤 비판적인 시각도 쉽게 허용되지 않는다. 사랑이라는 감정이 시각과 판단을 아름다운 장막으로 덮어버리기 때문이다.

 증오 역시 비슷하다. 느끼는 감정만 다를 뿐, 증오가 정상적인 판단을 하지 못하게 한다는 점에서는 똑같다. 누군가를 미워할 때 그 사람의 모든 행동과 특징은 철저히 부정적으로 해석된다. 그 사람의 어떠한 선의도 의심의 대상이 되며, 심지어 무해한 행동조차도 악의적인 의도로 보이고는 한다. 마음속에 자리 잡은 증오는 상대방을 이해하거나 객관적으로 바라보는 능력을 마비시킨다.

 우리가 어떤 사람을 증오하거나 사랑한다면, 더는 진실을 있는 그대로 볼 수 없게 된다. 모든 판단은 굴절되고 왜곡되며, 우리가 보는 세계는 사실 우리의 감정에 의해 철저히 각색된 결과일 뿐이다.

 이러한 인간의 본성을 인지하는 것은 중요하다. 자신의 판단이 사랑이나 증오에 의해 왜곡될 수 있음을 늘 경계하고, 이성적으로 다시 한번 생각할 수 있는 여지를 남겨야 한다. 감정의 렌즈를 거두고 이성과 객관성의 균형을 회복해야 한다. 나의 판단은 사랑이나 증오라는 감정의 힘 앞에 얼마나 쉽게 굴복할 수 있는지 겸허히 받아들여야 한다. 사랑과 증오가 만들어낸 환상에 머무는 순간 진실을 잃고 편견과 오해 속에서 방황하게 된다. 이제 감정이라는 눈부신 미망에서 벗어나 선명하고 냉철한 이성 아래 서야 한다.

36

"증오는 가슴에서 자라고
경멸은 머리에서 자란다"

- 아르투어 쇼펜하우어 -

미움과 경멸의 차이

사람이 누군가를 미워하는 것은, 그 상대에게 어떤 가치나 힘이 있음을 암묵적으로 인정하기 때문이다. 미움이란 상대의 존재를 중요하게 여긴다는 방증이다. 미움은 마음에서 비롯된다. 마음이 동요하고 격렬해지지 않으면 미움이라는 감정도 존재할 수 없다. 그러나 경멸은 다르다. 경멸은 이성에서 출발한다. 상대방을 아무런 가치도 없고 영향력도 없으며 그 존재조차 무의미한 대상으로 간주하는 것이다.

진정한 경멸은 조용하고 냉정하다. 상대에게 결코 직접적으로 표출되지 않는다. 미움과 달리 경멸은 상대의 가치를 인정하지 않는 감정이기 때문이다. 본질적으로 상대의 존재를 무시하는 것이다.

내가 어떤 사람을 미워한다면 그의 언행이 나의 마음을 격렬히 흔들기 때문이다. 나에게 위협적이고 거슬리는 존재로 인식되어야 미움이 생긴다. 나의 인생에서 제거하고 싶은 방해물이며 내 마음을 점령한 불편한 존재로 자리 잡아야 미움이 생긴다. 나는 그 사람을 보지 않으려 애쓰지만, 오히려 존재는 더욱 크게 느껴지기 시작할 것이다. 미움이란 이처럼 상대의 존재감을 부정하고 싶지만 부정할 수 없어 분노로 폭발하는 감정이다.

반면 내가 누군가를 경멸할 때는 상황이 다르다. 한 인간이 주변에서 오만하게 행동하며 어리석은 허영심을 드러낸다고 하자. 나는 그 사람의 행동에 동요하지 않는다. 오히려 그의 행동을 멀리서 바라보며 그것이 얼마나 하찮고 공허한 짓인지 차갑게 판단한다. 나의 내면에 파문을 일으키지 않는다. 그는 나에게 어떤 영향력도 행사하지 못하며, 나의 세계에 존재하지만 마치 투명한 유리창 너머로 보이는 풍경처럼 느껴질 뿐이다. 이처럼 진정한 경멸은 본질적으로 침묵의 성격을 지닌다. 어떤 상대가 내게 전혀 위협이 되지 않고 아무런 의미도 없다고 확신한다면, 나는 굳이 그에게 나의 경멸을 드러낼 필요조차 느끼지 못한다. 만약 상대에게 경멸의 감정을 적극적으로 표현한다면, 그것은 역설적으로 그에게 가치를 부여하는 것이다. 드러나는 경멸은 온전한 경멸이 아니다. 표현되는 경멸의 밑바탕에는 미움이나 분노가 섞여 있기 때문이다.

그러나 이 부분에서 중요한 아이러니가 생긴다. 진정한 경멸을 받은 사람은 오히려 격렬한 증오로 반응할 가능성이 높다. 왜냐하면 경멸받는 사람은 상대가 자신을 아예 인간으로조차 인정하지 않는다는 사실에 깊은 상처를 입기 때문이다. 그는 자신에게 최소한의 가치를 부여받길 원하며, 설령 미움이라 할지라도 상대의 내면에 자신이 존재하기를 갈구한다. 상대의 의식에서 완벽히 사라진다는 것, 그것이 경멸이 주는 가장 잔인하고 냉정한 고통이다. 미움은 상대의 존재를 인정하고 거부하려는 감정이며, 경멸은 상대의 존재 자체를 부정하고 삭제하려는 이성적 판단이다. 진정한 경멸을 받는다는 것은 그 사람의 세계에서 완벽히 추방당한 채 존재의 뿌리 자체가 뽑혀 버리는 경험이다.

살면서 쉽게 미움이나 경멸의 감정에 빠져들지만, 그것이 의미하는 본질적 차이를 인식하지 못한다. 하지만 이 둘의 차이를 정확히 이해할 때 더 이상 불필요한 갈등과 미숙한 감정에 사로잡히지 않을 수 있다. 미움이 상대를 나와 동등한 존재로 인정하는 감정이라면, 경멸은 상대방이 존재하지 않는 것과 마찬가지인 차가운 판단이다. 그래서 어쩌면 가장 두려워해야 하는 것은 누군가의 미움이 아니라 나를 보면서도 아무것도 보지 못하는 냉담한 경멸일지도 모른다. 그것이야말로 인간이 인간에게 보일 수 있는 가장 깊고 무서운 거절이기 때문이다.

정리해야 하는 사람이 있는가? 끊어야 하는 관계가 있는가? 미워하지 말라. 경멸하라. 마치 그 사람이 나의 삶에서 단 한순간도 머문 적 없다는 듯 조용히 관계를 끝내라. 그 사람이 없다는 듯 살아라. 그것이 최고의 끝맺음이다.

"헤어짐은 작은 죽음이고
만남은 다시 살아나는 기적이다"

- 아르투어 쇼펜하우어 -

만남과 이별

인간이 살아가면서 피할 수 없는 것은 만남과 이별이다. 살다 보면 무수히 많은 만남과 헤어짐을 겪게 된다. 그 모든 순간이 각기 다른 감정을 선사하지만 본질적으로는 근원이 같다. 만남과 이별은 단순한 사건이 아니라 삶과 죽음이라는 인간의 가장 깊은 본질을 축소한 형태다. 모든 이별은 우리에게 죽음의 모습을 미리 엿보게 한다. 모든 재회는 마치 다시 살아나는 것 같은 기적을 경험하게 한다.

누군가와 헤어진다는 것은 삶의 작은 죽음과도 같다. 일상적으로 교류하던 상대가 어느 순간부터 존재하지 않는다는 것, 익숙한 존재가 갑자기 낯선 부재로 바뀌는 순간, 마치 작은 죽음을 경험하듯 깊은 상실감을 느끼게 된다. 이때 우리의 내면은 깨닫는다. 고요한 슬픔 속에서 삶이 유한하다는 것과 덧없다는 것을 온몸으로 느낀다. 헤어짐이 깊으면 깊을수록 마음은 죽음이라는 근원적인 공포에 더 가까워지게 된다.

하지만 인간은 놀랍게도 이 죽음의 그림자 속에서 삶의 아름다움을 더 진하게 느낀다. 누군가를 잃었다가 다시 만나는 순간, 말로 표현하기 힘든 벅찬 감정이 찾아온다. 이전에는 미처 알지 못했던 소중함을 절실히 깨닫게 되고 살아있음 그 자체를 감사하게 된다. 이렇게 재회는 죽음에서 다시 살아난다는 의미의 부활과도 닮아 있다. 삶과 죽음이 결국 동전의 양면처럼 긴밀히 연결되어 있는 것처럼, 만남과 이별 역시 서로가 없으면 그 의미를 완전히 이해할 수 없다.

우리가 사랑하는 사람과 잠시 떨어져 있을 때 느끼는 그

리움과 상실감은 죽음 이후의 공허와 닮았다. 반면 다시 만났을 때 느끼는 기쁨은 삶이 얼마나 기적 같은 선물인지 절실히 깨닫게 만든다. 결국 인간은 이별과 재회의 반복을 통해 삶과 죽음의 의미를 이해하게 된다. 살면서 겪는 모든 이별과 만남은 단지 지나가는 사건이 아니라 인간 존재의 근본적 진리를 가르쳐 주는 철학적 경험이다.

인간은 이별을 통해 삶의 유한성을 깨닫고, 재회를 통해 살아 있다는 것 자체의 소중함을 더욱 생생히 느낀다. 이렇게 반복되는 상실과 회복의 과정에서 죽음이 단지 끝이 아니라 새로운 의미와 가능성을 열어 주는 또 다른 시작임을 배우게 된다. 이것이 바로 삶이 우리에게 주는 가장 깊고 아름다운 가르침이며, 우리가 마지막 순간까지 삶을 온전히 끌어안아야 할 이유다.

38

"거울 없이 치장하는 것보다
조언 없이 결정하는 것이 더 나쁘다"

- 아르투어 쇼펜하우어 -

올바른 조언

수없이 많은 선택의 기로에서 어떤 선택은 사소하지만, 또 다른 선택은 인생의 흐름을 완전히 바꿔 놓는다. 이러한 중대한 결정을 내릴 때 흔히 저지르는 실수는 자신의 판단을 과신하는 것이다. 타인의 조언을 가볍게 여기고 자신의 판단을 확신하지만, 인간은 본질적으로 자신에 관한 문제일수록 객관성을 잃기 쉽다. 개인의 욕망과 의지가 판단을 흐리게 만들기 마련이다. 때로는 삶의 중요한 결정에 타인의 조언이 필수적이다.

　인간이 자기 자신을 객관적으로 보는 일은 거울 없이 자기 얼굴을 보는 것만큼이나 어렵다. 거울이 없다면 얼굴을 제대로 볼 수 없듯, 타인의 조언이 없다면 나의 판단 역시 불완전할 수밖에 없다. 특히 자신의 감정이나 이익이 직접적으로 얽힌 문제에서는 더 편향되게 바라본다. 자기 자신에게 유리한 쪽으로 결정을 내리려는 경향이 강하기 때문이다. 이런 편협함 속에서 종종 현실을 제대로 반영하지 못하고 왜곡된 방향으로 흘러가 위험에 빠지게 된다.

　타인의 조언은 새로운 시각을 제시한다. 다른 사람은 내 상황에 감정적으로 깊이 얽혀 있지 않기 때문에 보다 명확하고 객관적인 시야로 문제를 바라볼 수 있다. 내가 놓치고 있는 것이나 내 판단이 얼마나 현실과 동떨어져 있는지 일깨워 준다. 물론 모든 조언이 절대적으로 옳은 것은 아니다. 조언을 구한다는 것은 타인의 의견을 맹목적으로 받아들이라는 뜻이 아니라, 자신의 판단을 넓은 시야와 다양한 각도에서 다시 바라보라는 의미다. 인간의 판단은 늘 제한적이며, 타인의 조언을 통해서만 넘을 수 있는 한계가 있기 때문이다. 중요한 결정일수록 혼자 내리는 것이 아니라 신중하게 타인의 의견을 수렴하여 더 나은 결론에 도달하는 것이 필요하다.

중요한 결정 앞에서 타인의 조언을 듣는다는 건 스스로의 한계를 인정하는 것이다. 혼자서는 결코 완벽한 결정을 내릴 수 없다. 거울 없이 치장하는 것보다 친구의 조언 없이 결정을 내리는 것이 더 나쁘다.

내면을 마주하라.

모든 것은 자신의 내면에 있다.

3장　"관점과 태도"

"세상은 오직 내 마음이 그려낸 그림일 뿐이다"

- 아르투어 쇼펜하우어 -

마음의 중요성

세상은 객관적이고 절대적인 실체로 존재하는 것처럼 느껴진다. 사실 세상의 모습은 보는 사람에 따라 끊임없이 변하는 하나의 그림에 불과하다. 쇼펜하우어는 이와 같은 생각을 명확히 표현하여 '세계는 나의 표상이다'라고 말했다. 이는 세상이란 결국 나의 의식과 지각 속에서만 존재하며 내 마음 없이는 아무 의미도 없다는 뜻이다.

사람이 동일한 사건을 겪고도 서로 다른 기억과 감정을 가지는 이유가 바로 이것 때문이다. 모두 자신만의 색안경을 쓰고 세상을 바라본다. 같은 풍경도 어떤 사람에게는 평화롭게 다가오지만, 또 어떤 사람에게는 우울하고 쓸쓸한 정경으로 보일 수 있다. 창밖에서 비가 내린다면 누군가는 운치 있게 커피 한잔 마실 생각에 설레지만, 누군가는 도로가 막히겠다는 걱정으로 한숨을 내쉰다. 비 오는 날이라는 객관적인 사실은 하나지만, 그것을 받아들이는 마음은 수천, 수만 가지로 달라진다.

모든 행복과 불행도 마찬가지다. 행복의 조건을 외부 세계에 두고 만족스러운 환경을 끊임없이 추구해도, 정작 내 마음이 만족하지 못하면 행복을 느끼지 못한다. 반면에 특별한 것을 소유하지 못했더라도 내 마음이 안정되고 평화로우면 아주 작은 일에서도 행복감을 느낄 수 있다. 결국 행복과 불행은 환경이 아니라 나의 인식과 태도가 결정하는 것이다.

가장 중요한 것은 상황 그 자체가 아니라 그것을 해석하는 내 마음이다. 똑같은 일을 겪고도 그것을 좌절의 계기로 삼을지 성장을 위한 발판으로 삼을지는 전적으로 내 마음에 달려 있다. 예를 들어 누군가는 실패의 경험을 통해 세상에 대한 원망과 좌절을 키우지만, 또 다른 이는 그 사건을 통해 인내심과 겸손, 교훈을 얻는다. 환경은 변하지 않지만, 그것을 바라보는 마음의 방향은 이렇게 차이 날 수 있다. 더 나은 삶을 살고 싶다면 외부 환경을 바꾸려고 노력하는 것보다 내면을 들여다보고 내 마음이 세상을 어떻게 그리고 있는지 점검해야 한다. 통제할 수 없는 외부의 사건을 통제하는 것보다 마음의 시선을 바꾸는 편이 훨씬 더 효과적이다. 내가 세상에 대한 태도를 바꿀 때, 세상은 나에게 다른 의미로 다가온다. 그동안 어둡게만 보이던 주변 사람들에게서 따뜻한 마음을 발견하게 되고, 지루하게 느껴졌던 일상에서 새로운 즐거움을 찾아낼 수 있다.

결국 쇼펜하우어가 우리에게 던지는 메시지는 하나다. 세상을 바꾸기 위해 무엇보다 내 마음을 먼저 다스리고 내가 세상을 바라보는 방식을 변화시키라는 것이다. 인생에서 진정으로 통제 가능한 유일한 대상은 바로 나 자신의 마음이다. 그 마음의 렌즈를 잘 관리할 때 세상은 전혀 다른 모습으로 내게 다가올 것이다.

세상은 내 마음이라는 캔버스 위에 매일 새롭게 그려지는 하나의 작품이다. 삶의 질은 결국 이 작품을 그리는 내가 어떤 물감과 붓을 선택하느냐에 달려 있다. 더 밝고 아름다운 색채를 선택할지, 아니면 어두운색으로만 채울지는 오로지 나의 선택이다. 아름답게 보려면 한없이 아름다운 것이 삶이고, 불행하게 보려면 한없이 불행한 것이 삶이다.

40

"모든 일에 납득할 만한
이유가 있는 것은 아니다"

- 아르투어 쇼펜하우어 -

이유라는 강박

하루에도 몇 번씩 수많은 사건과 현상을 마주친다. 별일 없이 지나가는 것들도 많지만 문제가 되는 것들도 있다. 그 문제의 기저에는 이해가 깔려 있다. 쉽게 이해되지 않는 것이 일상에 끼어들면 본능적으로 '이유'를 찾으려고 한다. 이것이 바로 쇼펜하우어가 지적한 '충족 이유율의 원리', 즉 모든 일이 납득 가능한 이유를 가져야 한다는 강박이다.

충족 이유율의 원리는 두 가지 측면으로 바라볼 수 있다. 하나는 철학적 주장이고 또 다른 하나는 삶의 실존적인 측면이다. 철학적이고 과학적인 맥락에서 현상계는 원인과 결과의 체계라고 볼 수 있다. 물이 끓는 이유는 열을 가했기 때문인 것처럼 모든 현상이나 사건은 반드시 그에 상응하는 충분한 이유와 원인을 가지고 있다는 것이다. 철학적 차원에서 충족 이유율의 원리는 세계를 객관적으로 설명하고 이해하기 위한 필수적인 도구다. 하지만 실존적 삶에서는 전혀 다른 맥락을 가진다.

인간관계를 예로 들어 보자. 때로는 우연한 기회에 누군가와 친밀한 사이가 되고는 한다. 그런데 시간이 흐를수록 사람들은 "우리가 왜 가까워졌지?" 하고 그 이유를 따져 보려 한다. 좋아하는 취미가 같아서, 비슷한 경험을 공유했기 때문이라며 그럴듯한 이유를 찾아낸다. 그러나 누군가와 가까워지고 관계를 형성하는 데 항상 명확한 이유가 있는 것은 아니다. 때로는 아무 이유 없이 서로의 존재만으로 충분히 좋은 관계가 형성되기도 한다. 굳이 이유를 찾지 않아도 어떤 사이는 충분히 아름답고 가치가 있다. 하지만 이런 관계조차도 논리적으로 설명할 수 있는 이유를 찾으려 애쓰며 스스로를 피곤하게 한다.

이러한 강박은 행복에도 방해가 된다. 자신이 행복하지 않다고 느낄 때 사람들은 반드시 그 이유를 찾아내려 한다. 이유를 찾으면 행복하지 않은 원인을 제거할 수 있고, 그러면 행복해질 수 있을 거라고 믿기 때문이다. 그러나 실제로는 이유를 찾는 강박 자체가 오히려 불행을 더 크게 키운다. 이유를 찾지 못한 채 불행의 늪에서 헤매는 시간이 길어지면 스스로 더 괴로워진다. 진정한 행복은 이유를 찾는 데서 오는 것이 아니라, 그저 이유 없이 순간을 온전히 받아들일 때 찾아오는 법이다. 이런 강박은 행복뿐만 아니라 삶 전체에서 자주 나타난다. 갑자기 몸이 아프거나 잠이 오지 않는 밤에도 그 즉시 이유를 찾는다. '오늘 무엇을 잘못 먹었지?', '낮에 무슨 걱정을 했었지?' 하는 식으로 말이다. 이유를 찾을 수 있다면 상관없다. 하지만 대부분 이유 없는 것들이 많기 때문에 이유를 찾지 못할 것이고, 그럼 더 불안해지고 결국 자신을 탓하기 시작한다. 인생의 많은 부분은 설명될 수 없으며, 때로는 몸과 마음이 아무 이유 없이 불안하거나 아플 수 있음을 받아들여야 한다.

모든 것에 이유를 요구하는 태도는 불확실한 인생 속에서 자신에게 더 큰 압박을 가할 뿐이다. 삶의 많은 문제는 복잡하게 얽혀 있어서 뚜렷한 이유를 찾기 힘들 때가 많다. 원인을 완벽히 이해하지 못하면 불안감에 시달리고, 결국 그 불안을 해소하기 위해 또 다른 이유를 찾는 악순환에 빠진다. 삶의 불확실성은 결코 완전히 제거될 수 없는 전제 조건이다. 예측 불가능하고 설명되지 않는 것을 늘 품고 사는 게 삶이다. 불확실성을 받아들여야만 삶이 편해진다.

이제 우리는 모든 것에 완벽한 이유를 붙이려는 강박에서 벗어나야 한다. 때로는 삶이 주는 우연과 불가사의함을 그대로 받아들일 수 있는 용기가 필요하다. 인생에서 가장 아름다운 순간들 중 많은 부분이 충분히 설명되지 않은 우연의 산물이다. 우연히 만난 친구, 갑작스러운 여행, 예상치 못한 경험들 모두 이유 없이 우리에게 큰 행복과 추억을 안겨 준다. 이런 순간들에 이유를 묻는 대신 그냥 그 순간을 즐길 수 있다면 삶은 훨씬 더 풍성해지고 아름다워질 것이다.

41

"삶과 꿈은 같은 책 속의
다른 페이지들이다"

- 아르투어 쇼펜하우어 -

삶이라는 책

매일 아침 눈을 뜨며 현실이라 믿는 세계로 들어온다. 그러나 밤이 찾아오면 다시 눈을 감고 꿈속의 또 다른 세계로 여행을 떠난다. 이 두 세계를 우리는 철저히 다른 영역이라고 생각한다. 깨어 있는 현실은 믿을 수 있는 명확한 진실이고, 꿈은 비현실적인 환상에 불과하다고 단정한다. 그러나 삶과 꿈은 명확히 분리될 수 없다. 둘은 단지 같은 책 속의 다른 페이지들일 뿐이다.

꿈속에서는 흔히 비현실적이고 기이한 일들이 펼쳐진다. 시간과 공간이 자유자재로 변형되고 이성적 판단을 벗어난 사건들이 벌어진다. 잠에서 깨어나면 꿈의 허구성을 쉽게 깨닫고 무시하기 일쑤다. 쇼펜하우어는 다르게 바라봤다. 인간의 현실 역시 꿈과 마찬가지로 각자의 주관적 인식 속에서만 존재한다. 현실 또한 우리의 의식이 감각을 통해 지각한 경험을 주관적으로 구성한 것일 뿐이라는 의미다. 즉, 현실도 결국 우리의 마음이 빚어낸 하나의 환상일 수 있다는 것이다.

어떤 현상이나 사건을 바라볼 때 사람마다 해석이 다르고 느끼는 감정도 다 다르다. 우리가 현실이라 믿는 것도 실상은 각자의 마음속에서 일어난 주관적 구성에 지나지 않으며 꿈에서 경험한 것과 본질적으로 다르지 않다. 예컨대 어린 시절의 기억을 떠올려 보면 그것이 실제로 일어난 일인지 그저 꿈에서 꾸었던 장면인지 확신하기 어려운 경우가 있다. 현실이라고 믿었던 기억이 때로는 명료하지 못하고 오히려 꿈에서 본 장면이 더 생생하게 남아 있을 때도 있다. 이처럼 삶과 꿈은 하나의 커다란 이야기를 구성하는 상호

보완적인 역할을 한다.

이런 사실을 깨닫는 것은 인간의 정신을 더 깊고 풍부하게 만든다. 삶이 명확한 현실로만 이루어져 있다고 믿을 때 인간은 자신의 인식을 절대적이고 객관적인 것으로 착각하기 쉽다. 그러나 꿈과 현실의 모호한 경계를 인식하는 순간, 인간은 자신의 인식이 불완전하며 지극히 주관적임을 자각하게 된다. 이러한 깨달음을 얻으면 겸손함과 성찰이 생기고 삶을 보다 깊이 이해하는 계기가 된다. 현실을 절대적인 것으로 보지 않고 삶의 다양한 국면을 좀 더 유연하게 받아들일 수 있기 때문이다. 이러한 사실을 알고 있으면 불행에 대처하는 능력을 기를 수 있다.

현실에서 겪는 어려움과 고통 역시 꿈에서 겪는 악몽처럼 잠시 지나가는 페이지에 불과하다는 것을 알게 되면 담담히 견뎌 낼 수 있다. 마찬가지로 행복하고 기쁜 순간도 한 장의 페이지처럼 흘러간다는 사실을 인정하면 그 소중함을 더욱 깊이 음미하게 된다.

결국 삶과 꿈을 뚜렷이 구분 짓는 것은 무의미하다. 이 둘은 인간이 살아가는 긴 이야기 속에서 서로 연결되고 보완되며 하나의 흐름을 만들어 낸다. 쇼펜하우어가 제시한 이 통찰은 우리에게 삶을 더 폭넓고 깊이 있게 바라볼 수 있는 지혜를 선사한다. 이제 삶과 꿈이라는 페이지를 편견 없이 넘기며 인생이라는 책을 더 풍성하게 읽어 나가야 한다.

42

"쾌락은 기대만큼 즐겁지 않고
고통은 언제나 예상보다 더 아프다"

- 아르투어 쇼펜하우어 -

쾌락과 고통

삶은 종종 기대와 현실 사이의 미묘한 긴장이 이어진다. 사람들은 행복을 추구하며 쾌락을 기대하지만 현실에서 쾌락은 생각했던 것보다 덜 즐겁고 일시적이다. 반대로 고통은 예측한 것보다 더 깊고 오래 지속된다.

즐거움을 경험하기 전까지 그것이 제공할 기쁨을 끝없이 과장하여 상상한다. 여행을 떠나기 전에 설레는 기대감이나, 오랫동안 원했던 것을 손에 넣기 직전의 흥분된 마음을 떠올려 보면 이해할 수 있을 것이다. 그러나 실제로 그 경험이 이루어지고 나면 기대와 달리 일상의 연장선상처럼 금세 평범해지기 마련이다. 인간은 적응력이 뛰어나기 때문에 어떤 즐거움도 곧 익숙해지고, 그 즐거움의 강도는 빠르게 줄어든다. 문제는 이러한 상황이 찾아왔을 때 또 다른, 더 큰 자극과 즐거움을 찾게 된다는 것이다. 무한한 욕망 추구는 결국 진정한 행복에 도달하지 못하게 만든다.

반면 고통은 어떠한가? 전혀 다르게 작용한다. 인간은 고통을 두려워하며 가능한 한 피하려고 애쓴다. 하지만 고통은 기대보다 훨씬 강렬하고 깊게 각인된다. 그 어떤 고통도 우리가 예상한 것보다 실제로 겪는 순간 훨씬 더 깊고 길게 느껴진다. 아무리 작은 실망이라도 실제로 마주하면 크기가 다르다. 인간이 고통을 감정적으로 확대하고 오래 기억하는 경향 때문이다.

쇼펜하우어가 강조하는 이러한 현실은 우리의 삶에 매우 중요한 통찰을 제공한다. 인간의 불행은 대부분 과도한 기대와 그것을 충족시키지 못하는 현실 사이의 간극에서 비롯된다. 끊임없이 미래의 즐거움에 대한 기대에 부풀어 오르고, 현재를 제대로 누리지 못한 채 다음의 행복만 바라본다. 그러나 삶에서 얻을 수 있는 행복은 기대의 크기가 아니라 지금 이 순간의 작은 기쁨과 평정심을 발견하는 것이다.

욕망과 기대를 조절해야만 이런 악순환에서 벗어날 수 있다. 인생에서 얻을 수 있는 즐거움은 본래 작고 짧은 것이며, 그것을 있는 그대로 받아들일 때 오히려 진정한 행복이 가능하다. 쾌락을 과도하게 부풀리며 추구하는 태도는 결국 실망과 허탈감을 초래할 뿐이다. 기대를 낮추고 소박한 기쁨에서 만족을 찾는 것이 더 현명한 삶의 방식이다.

동시에 가져야 하는 생각은 인간은 고통을 피할 수 없다는 사실이다. 고통은 삶의 필수적인 부분이며, 이를 완전히 제거하는 것은 불가능하다. 다만 고통이 오는 순간을 담담히 받아들이고 인내심을 가지고 그것이 지나가기를 기다려야 한다. 지나치게 두려워하거나 회피하려 하지 않고 있는 그대로 인정하고 견디는 능력이 필요하다. 쇼펜하우어가 말하는 삶의 지혜란 고통을 덜 두려워하고 쾌락을 덜 욕망함으로써 내면의 평화와 만족감을 얻는 것이다.

  결국 쾌락과 고통이라는 삶의 두 축을 명확히 인식하고 균형 잡힌 시각을 가질 때 마음이 평화를 얻을 수 있다. 그리고 그 마음의 평화는 나를 조금 더 행복한 삶으로 안내한다.

"모든 것은
사라지기 위해 존재한다"

- 아르투어 쇼펜하우어 -

유한함의 아름다움

사람은 늘 어딘가를 향해 달려간다. 여기서 말하는 어딘가란 물리적인 공간보다는 목표를 뜻한다. 더 행복한 삶, 더 많은 재산, 더 성공한 미래를 꿈꾼다. 그토록 원하던 목표에 도달하면 과연 행복해질까? 그렇지 않다. 목표에 도달하는 순간 다시 새로운 목표가 생긴다. 성공은 영원하지 않고 행복 또한 지속적이지 않다. 무언가를 잡았다고 생각하는 순간 미끄러져 사라져 버린다. 항상 목표에 도달했을 때조차 만족하지 못한다. 삶은 자주 공허하다.

이러한 현상의 본질은 '끊임없는 생성과 소멸의 반복'에 있기 때문이다. 세상은 결코 완성된 상태로 존재하지 않는다. 모든 것은 끊임없이 변화하고 있으며 영구적으로 고정된 것은 단 하나도 없다. 우리가 붙잡고 있는 것은 결국 사라지기 위해 존재할 뿐이다. 이 사실을 이해하면 삶의 허무함과 불안의 근본적인 이유를 이해할 수 있게 된다.

이를테면 아름답게 핀 벚꽃을 떠올려 보는 것이다. 봄날의 벚꽃은 사람들에게 설렘과 기쁨을 주지만 얼마 지나지 않아 흩날리며 사라진다. 비라도 한번 강하게 내리면 며칠 피어 있지도 못하고 순식간에 사라진다. 사람들이 벚꽃의 아름다움을 더욱 강렬히 느끼는 이유는 바로 그 짧고 덧없는 생명력 때문이다. 모든 아름다움은 영원히 지속될 수 없기에 더 소중하게 느껴진다. 삶의 많은 순간도 비슷하다. 강렬한 설렘, 좋은 친구와의 추억, 가족과의 따뜻한 시간은 순간적이고 유한하기 때문에 깊고 선명하다. 그러나 그 순간을 붙잡으려 하면 할수록 더 큰 좌절과 공허함을 느낀다.

행복했던 순간은 과거가 되어 사라지고 우리가 가졌던 관계와 감정 역시 끊임없이 변하며 사라진다. 무상함의 철학적 진실을 받아들이는 일은 때때로 괴로울 수 있다. 그러나 이 사실을 받아들일 때 비로소 삶을 더 깊이 있게 살 수 있게 된다. 무언가를 영원히 소유할 수 없다는 사실을 받아들이는 순간부터 지금 이 순간을 더 충실하고 의미 있게 보내게 된다.

쇼펜하우어가 이야기한 '모든 것은 생성과 소멸을 반복한다'는 말은 결국 우리 삶을 보는 방식을 바꾸는 힘을 가지고 있다. 우리가 가진 모든 것이 언젠가는 사라질 수밖에 없다는 사실을 이해하면 매 순간을 소중하게 받아들이게 된다. 만나는 사람, 함께 나누는 대화, 즐거운 저녁 식사 같은 평범한 일상이 바로 그 덧없음으로 인해 특별한 의미를 갖게 된다. 우리 삶은 끊임없는 생성과 소멸의 반복 속에서 잠시 빛나는 순간을 경험하는 과정일 뿐이다. 삶의 의미는 영원히 지속될 행복이나 성공을 얻는 데 있는 것이 아니라 지금 여기 존재하는 덧없는 것들에 감사하고 그 시간을 충실히 살아내는 것에 있다. 벚꽃이 아름다운 이유가 사라지기 때문이듯 삶 또한 유한하기에 의미가 있다. 모든 것이 사라지기 위해 존재한다는 것은 허무주의가 아니다. 우리가 삶을 더 온전히 살도록 돕는 깊은 철학적 통찰이다.

지금 당신 앞에 펼쳐진 이 순간 역시 다시 오지 않을 유한한 시간이다. 그러므로 이 순간을 감사히 여기고 온전히 살아가야 한다.

44

"삶의 진리는
조각 맞추기다"

- 아르투어 쇼펜하우어 -

삶이라는 퍼즐

행복이란 무엇인가. 어떻게 살아야 하는가. 무엇이 옳고 그른가? 삶의 본질과 관련된 질문은 끊임없이 우리를 따라다닌다. 매일 새로운 문제와 질문이 던져진다. 사람들은 각자의 방식으로 질문에 답을 얻으려고 노력하지만 명확한 정답은 존재하지 않는 듯 보인다. 이 끝없는 의문에 대한 답은 어디서 찾을 수 있는 것인가.

하나의 분야에서는 절대 찾을 수 없다. 수학, 자연, 과학,

철학과 같은 다양한 분야에서 각각의 해답을 얻어야 한다. 학문은 우리가 원하는 진리의 전체가 아니라 일부를 설명하기 때문이다. 즉, 삶이라는 복잡한 퍼즐 조각은 하나의 영역에서만 찾을 수 없으며 다양한 영역에서 얻은 여러 조각을 조합해야 비로소 드러나는 한 편의 그림 같은 것이다.

만약 행복을 찾고자 한다면 자연과학은 뇌의 화학 작용이나 신체의 호르몬 분비를 통해 행복감을 설명할 수 있다. 그러나 자연과학만으로 행복을 완전히 이해할 수 있는가? 여기서 철학은 또 다른 퍼즐 조각을 제공한다. 철학은 행복이 외부의 자극보다는 내면의 가치나 삶의 태도에서 비롯된다는 관점을 제시한다. 외부 환경이 아니라 마음의 평정심과 덕목에 집중해야 행복을 얻을 수 있다고 말한다. 이처럼 철학은 행복이라는 개념을 이해하는 데 또 다른 중요한 단면을 제공한다. 수학적 사고도 중요한 통찰을 줄 것이다. 수학은 논리적이고 합리적인 사고방식을 가르치기 때문이다. 문제를 세부적으로 나누고 원인과 결과를 분석하며 합리적으로 생각하는 법을 알려 준다. 삶의 여러 문제를 체계적으로 접근할 수 있게 돕는 것이다.

우리가 원하는 삶의 진리를 얻으려면 각 분야에서 제공하는 부분적 해답을 모두 수용할 수 있는 열린 마음이 필요하다. 오직 한 가지 방식만으로는 삶의 모든 질문에 대한 완전한 답을 얻을 수 없다. 오히려 여러 관점을 조합할 때 삶의 퍼즐을 더욱 명확하게 맞춰 갈 수 있다. 그러나 많은 사람은 단지 하나의 분야, 한 가지 사고방식에 갇혀 있다. 과학만으로 세상을 설명하려 하거나 철학적 관점에만 집중하여 실질적인 삶의 문제를 소홀히 한다. 또 어떤 이는 논리적이고 수학적인 사고에만 의존하여 정서적이고 감성적인 부분을 놓친다.

현대인이 지향해야 하는 태도는 다양성의 수용이다. 우리가 찾는 진리는 어느 한곳에 고정되어 있지 않다. 그것은 다양한 분야와 관점에서 퍼즐 조각처럼 존재하며 우리는 그 조각들을 끊임없이 모으며 자신의 삶을 완성해 나가는 존재다. 한 가지 관점에 집착하지 않고 다양한 관점과 통찰을 함께 고려하는 것이 외부 세계를 해석하는 가장 좋은 방법이다.

45

"인생의 정말 중요한 답은
내 내면에 있다"

- 아르투어 쇼펜하우어 -

정답의 중심

앞서 이야기한 것처럼 인간은 끊임없이 진리를 찾고자 하는 존재다. 삶을 이해하기 위해 수학, 과학, 철학 등 다양한 분야에서 지적 탐구를 이어가야 한다. 다양한 관점으로 외부 세계를 이해하려 노력하고 각각의 통찰을 통해 삶의 퍼즐을 맞춰간다. 그러나 그렇게 찾은 외부적 진리만으로는 삶의 모든 의문이 풀리지 않는다. 결국 삶의 진정한 의미는 정보나 지식뿐만 아니라 나 자신에게 달려있기 때문이다.

쇼펜하우어는 삶의 가장 깊은 수수께끼에 대한 궁극적 해답은 외부가 아닌 개별적 존재로 '나의 의지' 속에 있다고 강조한다. 외부 세계는 삶을 이해하는데 중요한 단서를 제공하지만 궁극적으로 삶의 방향과 가치를 결정하는 것은 자기 자신의 내적 의지에 있다는 것이다. 수학과 과학, 철학의 영역에서 배운 지식은 분명히 삶을 살아가는데 도움이 된다. 하지만 그것들이 우리의 인생 방향이나 삶의 목적 자체를 결정해 주지는 않는다. 결국 삶의 방향을 결정하는 순간, 그 결정의 중심에는 언제나 자신의 내면적 의지가 존재하기 때문이다.

같은 환경, 같은 지식, 같은 사회적 기대 속에서 성장한 두 사람이 있다고 하더라도 그 두 사람이 삶에서 내리는 결정은 매우 다를 수 있다. 한 사람은 사회적 기준과 기대에 따라 안정적이고 물질적으로 풍요한 삶을 선택할 수 있고 다른 한 사람의 내면의 열정에 따라 안정 대신 자신의 신념을 선택할 수 있다. 외부 환경과 지식은 비슷한 영향을 주지만 내면적 의지가 다르기에 삶의 방향은 달라진다. 외부의 지식은 우리에게 더 많은 선택지를 제공할 수는 있겠으나 결국 그 수많은 선택지 앞에서 직접 선택을 하는 것은 나 자신이다. 내면 깊숙한 곳에 자리 잡고 있는 각자의 의지에서 비롯되는 것이다. 이러한 관점에서 보면 삶의 퍼즐을 맞추는 방식은 두 가지 중요한 요소가 있다.

하나는 외부 세계를 지적으로 이해하는 것이며 또 다른 하나는 자신의 내면적 의지를 명확히 인지하고 삶의 방향을 설정하는 것이다. 다양한 학문적 통찰을 통해 삶의 일부를 이해할 수 있지만 궁극적으로 삶을 채우고 의미를 부여하는 것은 자신의 내면적 결단과 의지기 때문이다. 삶의 최종적인 답은 스스로 찾아야 하는 것이다. 외부 세계가 아무리 명료한 정보를 제공한다 해도 결국 자신만이 할 수 있는 일이 있다. 삶의 수수께끼를 푸는 주체는 다른 누구도 아닌 나 자신이다. 외부에서 얻은 지식과 내면의 목소리 사이에서 균형을 잡아야 한다. 외부의 다양한 관점을 통해 세상을 넓게 이해하면서 최종적인 결정은 항상 자신의 내적 의지에 의한 선택이어야 한다. 이 균형을 지킬 때 진정한 삶이 시작된다. 모든 질문의 답이 결국 내 안에서 시작되고 끝난다는 사실을 기억할 때 훨씬 더 주체적인 인간으로 살아갈 수 있다.

46

"흔한 것이
오히려 더 어렵다"

- 아르투어 쇼펜하우어 -

가장 이해하기 어려운 것

사람들은 흔히 자신의 삶에 가장 익숙한 것일수록 가장 잘 안다고 생각한다. 매일 아침 눈을 뜨는 것, 호흡하는 것, 걷고 말하는 것과 같은 평범한 일들은 이미 충분히 이해하고 있으므로 굳이 더 깊게 생각하거나 설명할 필요가 없다고 믿는다. 그러나 이러한 생각이 가장 자주 빠지는 함정이다. 오히려 가장 흔하게 접하고 당연하게 여기는 현상들이 사실은 가장 설명하기 어렵다. 가장 이해하기도 어려운 영역이다.

  일상생활에서 너무나 쉽게 경험하는 것들은 관심에서 벗어나기 쉽다. 그 익숙함 때문에 본질을 깊이 이해하려는 시도조차 하지 않는다. 예컨대 '행복'이란 개념을 생각해 보자. 자주 '행복하다'는 말을 사용하지만 정작 행복이 무엇이며 어떻게 이루어지는지에 대한 명확한 설명은 잘하지 못한다. 행복이라는 현상은 일상적으로 자주 마주치기에 막연히 그것을 잘 이해하고 있다고 착각하기 때문이다. 인간관계도 마찬가지다. 가장 가까운 사람, 가족이나 친구에 대해서 충분히 이해하고 있다고 믿는다. 그러나 실제로 그들에 대해서 의외로 무지하다. 심지어 나 자신에 대해서도 마찬가지다. 나 자신이라는 것은 너무나 익숙하기에 내 감정 변화나 생각을 깊이 들여다보려고 하지 않는다.

  이러한 행태가 낳는 결과는 진정으로 가까워져야 하는 사람들과 점점 멀어진다는 것이다. 너무나 익숙하다는 이유로 설명을 생략하고 모든 걸 이해했다고 착각한다. 가까운 것일수록 잘 이해하고 있다고 믿는 착각은 오히려 삶을 더 복잡하게 만든다. 익숙한 것일수록 진지한 탐구와 설명의 대상이 되어야 한다. 특별하거나 이례적인 현상에는 모두가 주목한다. 그러나 정작 삶의 본질적이고 중요한 현상은 지나치게 평범하다는 이유로 무관심의 대상이 된다. 경각심을 가질 때다. 이해와 깊은 통찰력은 먼 곳이 아니라 바로 우리 주변의 가장 평범한 현상에서 시작해야 한다. 당연하게 여겼던 것들을 깊이 있게 다시 들여다볼 때 삶은 전혀 다른 풍경을 드러낸다. 평범한 하루, 익숙한 사람들, 일상적인 행동이 사실은 매우 복잡하고 흥미로운 의미들로 가득 차 있다는 것을 깨닫게 된다. 그 깨달음이 있어야 삶이 풍요롭고 의미 있어진다.

 가장 흔하고 평범한 것일수록 더욱 깊고 진지하게 탐구하라. 익숙하다고 믿는 모든 것이 사실은 설명하기 가장 어렵고 진정한 이해에서 가장 멀리 떨어져 있다.

47

"삶에서 가치 있는 성공은
반드시 갈등과 싸움을 거쳐야 얻을 수 있다"

- 아르투어 쇼펜하우어 -

갈등과 승리

더 이상 어려움이 없는 것. 고민이나 문제 없이 모든 일이 잘 풀리는 것. 삶이 마치 맑은 호수 위에 떠 있는 배처럼 흔들림 없이 평온한 것. 이런 삶은 누구나 한 번쯤 꿈꾸는 삶이다. 그러나 그렇게 바라는 대로 모든 문제가 사라진 삶이 온다면 과연 행복할까? 고통과 갈등을 삶에서 완전히 제거하는 순간 우리는 정말 만족할까? 갈등 없는 승리는 절대로 있을 수 없다. 삶의 본질은 결코 평온한 안락함이 아니라 필연적인 갈등과 투쟁에 있기 때문이다. 갈등은 우리 존재가 가진 중요한 특성 중 하나며 갈등을 거치지 않고서는 어떠한 의미 있는 성장도 이룰 수 없다.

갈등을 마주하는 순간은 누구나 불편하다. 고통을 마주하는 건 피하고 싶은 일이다. 누구나 다 그렇다. 긴장되고 불안하며 때로는 너무 아프고 괴로워 도망치고 싶은 충동마저 든다. 하지만 삶을 되돌아보면 인생을 가장 크게 변화시키고 가장 큰 성장을 만든 순간은 늘 힘들었던 갈등을 통과한 바로 그 순간이었다. 예컨대 사람과 사람 사이의 관계를 살펴보자. 보통 좋은 관계란 싸움이나 갈등이 없는 상태라고 착각한다. 갈등이 없는 상태를 위하여 작은 문제마저도 피하려고 한다. 아이러니하게도 문제를 회피하고 숨길수록 관계는 얕아진다. 오히려 소통의 진실성은 사라지게 된다. 이러한 관계는 겉에서 보기에는 편안해 보일 수 있다. 하지만 속은 텅 비어 공허한 채 오래 지속되지 못하고 무너진다. 서로의 다름에서 오는 갈등을 정면으로 마주하고 때로는 격렬하게 의견을 나누는 사이가 오히려 더 오래간다.

인생의 근육은 몸의 근육과 똑같다. 힘들고 고통스러운

과정을 거쳐야만 근육은 자라나고 몸은 건강해진다. 숨이 턱끝까지 차오르고 온몸이 아프며 중도에 포기하고 싶은 순간을 견뎌야 한다. 정신적 성숙 역시 비슷한 구조다. 과거의 상처나 어두운 감정을 마주 보는 일은 누구에게나 쉽지 않다. 흔히 사람은 자기 자신을 돌보는 일조차 힘들어하며 불편한 진실은 외면하려 한다. 하지만 삶은 깊은 고통을 마주하고 그것과 싸워 이겨 낼 때 비로소 감추어 둔 지혜를 건넨다. 이러한 사실을 깨닫고 나면 더 이상 갈등을 무조건적으로 두려워하거나 회피하려 하지 않게 된다. 삶의 장애물이 아니라 자신을 더욱 성장시키고 의미 있는 삶으로 안내하는 필수 과정으로 바라보게 되기 때문이다. 삶에서 진정한 승리를 얻으려면 갈등을 두려워하지 않아야 한다. 회피하지도 않아야 한다. 그 과정에서 때로는 마음이 다치고 흔들릴 수 있지만 모든 어려움을 이겨 낸 후 얻는 성취는 훨씬 더 큰 기쁨과 보람으로 다가온다. 갈등 없는 승리는 허상에 불과하다. 오직 갈등을 극복하고 난 후에 찾아오는 승리만이 진정한 의미를 가진다.

삶이 힘겹고 어려운가? 그럴 때일수록 삶이 나를 더욱 빛나게 만드는 중이라는 것을 잊어서는 안 된다. 갈등과 투쟁, 고난은 우리를 무너뜨리기 위해서 주어지는 것이 아니라 오히려 가장 값진 기회인 것이다. 우리가 추구해야 하는 삶은 갈등이 없는 삶이 아니라 어떤 갈등도 두려워하지 않을 만큼 강해지는 삶이다. 승리를 원한다면 기꺼이 고통의 중심으로 뛰어들어가야 한다.

48

"행복이란
쉽게 손에 들어오지 않는다"

- 아르투어 쇼펜하우어 -

행복 추구

사람들이 평생 추구하지만 실상 제대로 이해하지 못하는 것, 그것이 바로 행복이다. 인간은 행복을 일상에서 손쉽게 획득할 수 있는 작은 물건처럼 착각하며 살아간다. 마치 특정한 조건을 만족하거나 원하는 목표를 이루면 그 즉시 행복이라는 달콤한 열매가 손안에 들어올 것이라고 생각하는 것이다. 현실은 완전히 다르다. 때때로 행복은 덧없이 왔다 가도 금세 사라지고 마음먹은 대로 손에 쥐려 할 때면 모래처럼 손가락 사이로 빠져나간다.

  인생이 언제 우리의 마음대로 흘러갔던 적이 있는가. 삶은 절대 우리가 기대하는 방식으로만 움직이지 않는다. 행복도 마찬가지다. 만족과 행복이라는 감정 역시 예측한 대로 도착하지 않는다. 때로는 원했던 것을 전부 얻고도 왠지 모를 허전함과 공허함에 휩싸이고 좋은 조건이 있음에도 불구하고 만족은 잠시, 다시 새로운 욕구와 갈증이 그 자리를 차지해 버린다. 행복을 얻는 것이 어려운 근본적인 이유는 행복을 얻기 위해서는 내면에서 끊임없이 벌어지는 힘겨운 자신과의 싸움을 이겨야 하기 때문이다. 사람은 누구나 내면에 모순된 감정을 지니고 있다. 자신이 진정으로 원하는 것이 무엇인지 잘 알고 있다고 생각하지만 실제로는 제대로 알지 못한 채 모순적인 욕망 속에서 살아간다. 사람이 가진 가장 큰 문제는 바로 자신을 정확히 마주 보는 일이 너무 어렵다는 것이다.

  행복을 얻으려면 자신이 진짜로 원하는 것과 원하지 않는 것을 구분해야 한다. 자신에게 맞는 것과 맞지 않는 것을 냉정히 구분할 줄 아는 눈이 있어야 한다. 하지만 생각보다 쉽지 않은 일이다. 내가 원하는 거라고 믿어 왔던 것이 사실은 부모, 친구, 사회의 기대를 그대로 받아들인 것에 불과하다는 것을 깨달아야 한다. 내면에 숨어 있는 진짜 욕구를 찾기 위해서는 익숙하고 편안한 자기기만을 걷어 내는 고통스러운 여정을 거쳐야 한다.

추운 사람에게 필요한 것은 몸을 따뜻하게 할 수 있는 옷 같은 것들이다. 그 사람에게 다른 물건은 도움이 되지 않는다. 외로움을 느끼고 있는 사람에게 필요한 것은 화려하고 값비싼 물건이 아니라 곁에서 진심으로 위로하고 함께 있어 줄 수 있는 사람이다. 불안에 떨고 있는 사람에게 필요한 것은 대단한 성공이 아니라 안정감이다. 자신에게 진짜 필요한 것이 무엇인지 모른 채 엉뚱한 곳에서 해결책을 찾으려고 하니 결국 원하는 것을 얻었다고 생각하는 순간에도 내면은 공허해진다.

아픈 사람에게 진통제가 잠시 고통을 잊게 할 수 있지만 근본적인 치료가 되지 않듯이 자신의 내면을 모르는 사람은 순간적인 즐거움으로 잠시 만족할 수 있지만 결코 행복을 누리진 못한다. 행복을 얻기 위해서는 반드시 자기 내면의 불편한 진실과 정면으로 마주 서야 한다. 그 치열한 싸움 속에서만 행복이라는 것이 서서히 윤곽을 드러내기 시작한다. 행복은 얻어지는 것이 아니다. 발견하고 만드는 것이다. 고통스러운 자기기만을 걷어 낼 수 있는 용기만이 행복을 만든다.

49

"운명은 나약한 인간을 봐주지 않는다"

- 아르투어 쇼펜하우어 -

나약함과 운명

운명이란 삶에서 마주하는 모든 사건과 상황이, 나의 의지와 노력 너머에서 결정되는 것을 말한다. 다시 말해 인간이 아무리 계획을 세우고 최선을 다해 준비하더라도 결국 인생을 좌우하는 중요한 순간들은 전혀 예측하지 못한 채 다가온다. 그런 순간 앞에서 인간은 무력감을 느낀다. 운명이란 예고 없이 찾아와 때로는 선물처럼 기쁨을 주기도 하지만 그보다 더 자주 가혹한 시련을 주어 삶의 방향을 완전히 뒤흔들어 놓는다. 인간은 마치 자신이 삶의 주인이며 모든 것을 선택하고 통제할 수 있다고 착각하지만 결국 삶의 중대한 순간 앞에서 운명의 힘이 얼마나 거대한지를 목격하고 만다. 지난 세월을 돌아보면 거대한 운명의 시련 앞에서 좌절을 맛본 경험이 누구나 있을 것이다. 인간은 자신이 평소에 지녔던 자부심과 통제력을 잃는다. 깊은 무력감과 비참함에 빠지는 것은 운명의 힘을 코앞에서 경험했을 때다. 삶의 모든 영역에 운명이 개입하고 있고 그것을 인정하지 않을 수 없다.

인간은 근본적으로 나약한 존재다. 아무리 강하다고 느껴도 결국 운명의 힘 앞에서는 한없이 작은 존재라는 사실을 깨닫게 된다. 쇼펜하우어에 따르면 인간의 비참함은 오히려 인간이 가진 나약함을 인정하지 않고 끊임없이 부정하는 데서 더욱 깊어진다. 자신의 약함을 직시하지 않고 오만하게 운명과 싸우려 한다. 그러나 운명은 인간의 그런 시도를 비웃듯이 언제나 더 큰 시련과 더 큰 절망을 가져다준다.

운명의 힘 앞에서 인간은 한없이 작은 존재다. 우리는 살면서 맞닥뜨리는 운명의 가혹함을 결코 피할 수 없다. 예측 불가능한 질병이 삶을 엄습하고 가까웠던 이와의 관계가 예상치 못한 이유로 깨지기도 하며 정성껏 쌓아 온 명성이 하루아침에 무너져 내린다. 이런 현실을 겪으면 인간은 결국 자신이 삶의 중심이 아니라 오히려 그저 거대한 흐름 속에서 휘말려 가는 나뭇잎 같은 존재라는 사실을 인정하게 된다.

인간은 자신을 강하고 뛰어난 존재라고 여기지만 실상 중요한 순간에는 전혀 힘을 쓰지 못한다. 이 모순적이고 비극적인 현실이야말로 인간의 비참함을 극명하게 보여 준다. 삶의 비극은 우리가 자신을 속이면서까지 운명을 거부하고 자신을 과대평가하는 데서 비롯된다. 그런 태도가 오히려 더 깊은 좌절과 상처를 가져다준다. 인간은 기본적으로 자신을 과대평가하는 경향이 있고 자신의 나약함을 직면하는 것을 두려워하기에 현실을 직시하는 것은 쉽지 않다.

그러나 결국 이 운명의 현실을 인정하는 겸허한 자세가 필요하다. 내 삶을 언제나 내가 통제할 수 없다는 것, 삶이 수많은 우연과 불가피의 힘에 의해 움직인다는 사실을 받아들일 때 삶의 본질에 다가서게 된다. 운명은 가차 없고 인간은 나약한 존재라는 사실을 깨닫는다면 운명 앞에서 자신을 과장하거나 부풀리지 않게 된다. 삶을 더욱 진실하게 받아들일 수 있게 된다. 행복과 불행을 초월하여 삶 자체를 더 명료하게 바라보는 새로운 인식이 생긴다. 운명이라는 거대한 힘 앞에서 언제나 작고 비참해질 수밖에 없지만 이 냉혹한 현실을 마주하는 것이야말로 인간이 지닐 수 있는 가장 강력한 성찰이다.

50

"인간의 감각만으로는
세상의 참모습은 결코 알 수 없다"

- 아르투어 쇼펜하우어 -

세상을 보는 눈

감각이 주는 즐거움과 자극은 분명히 강렬하다. 하지만 감각이 만들어 내는 세계는 믿을 만한 것이 아니다. 혀끝에서 느끼는 달콤함은 잠시뿐이고 화려한 옷이나 매력적인 외모가 주는 시각적인 만족도 결국 잠깐의 기분 좋은 착각일 뿐이다.

누군가가 무척 행복해하는 모습을 사진으로 봤을 때 그

사람이 항상 행복한 삶을 살고 있을 거라고 쉽게 단정 짓는다. 웃는 사진은 그 사람의 진짜 삶을 보여 주지 못한다. 하루의 행복을 위해 얼마나 많은 희생이 있었는지 그리고 그 웃음 뒤에는 수많은 좌절과 고통이 있다는 것을 전혀 보여 주지 않는다. 어쩌면 지독히 고통스러운 순간 속에서 단 하루 웃어 보인 걸 수도 있다. 감각은 언제나 표면만 건드릴 뿐 그 아래 숨겨진 진짜 세상과는 다르다. 감각이 아무리 화려하게 세상을 꾸며 낸다고 하더라도 꾸며 낸 세상은 진짜 세계의 본질과 전혀 닮지 않았다.

세상을 경험하는 가장 일반적인 방식은 내가 보고 들으면서 경험한 자극을 직접적으로 받아들이는 것이다. 눈으로 보이는 것, 귀로 들리는 것, 피부로 느껴지는 건 모두 즉각적이고 분명한 형태로 다가온다. 그렇다면 본질을 본다는 것은 무엇인가? 단순히 눈과 귀의 반응에서 벗어나 대상의 내면적 의미를 지성으로 이해하는 일이다. 책을 펼쳤을 때 단순히 글자를 읽는 것이 아니라 의미를 읽듯이 세상에서 접하는 수많은 것을 겉으로 보이는 자극으로만 판단하는 것이 아니라 본질적인 인식을 해야 한다. 세상은 지극히 복잡하게 얽혀 있기 때문에 단순히 눈앞에 나타난 모습만으로 이해하려 하면 실체를 파악하기 어렵다. 사람들의 미소와 친절한 말투 뒤에는 진심이 아닌 가면이 있을 수 있으며 눈부신 삶 뒤에 처절한 고통과 상실이 존재할 수 있다. 직접적인 자극을 넘어선 이해는 지성의 영역이며 오직 사려 깊은 사유를 통해서만 가능하다.

눈앞의 세계에만 만족한다면 내가 이해한 것은 결국 좁고 얕은 것에 매몰된 일부분이다. 본질을 보지 못하는 사람은 그림자를 실체로 착각하고 소문을 진실로 받아들인다. 겉모습을 진심으로 오해한다. 붙잡으려 하면 흩어지는 허상이 감각이다. 세상의 참된 모습을 보려면 순간적이고 피상적인 것을 넘어서야 한다. 눈을 감았을 때 더 잘 보이는 것이 있다. 귀를 막았을 때 더 잘 들리는 것이 있다. 가장 중요한 것들은 오히려 직접적인 감각 너머에 있다. 표면을 보는 사람은 항상 빠르게 판단하지만 쉽게 틀리고 깊이를 보는 사람은 느리게 판단하지만 결국 옳다. 지성을 사용하지 않으면 삶의 깊이가 줄어든다. 삶을 깊이 이해한다는 건 표면 너머를 바라보는 눈을 기르는 일이다. 보여지는 것을 보는 것은 누구나 할 수 있지만 보여지지 않는 것을 보는 일은 누구나 할 수 없다.

51

"모든 것을 물질로 설명하는 사람은
결국 자신이 세계의 주체임을 잊어버린다"

- 아르투어 쇼펜하우어 -

삶의 이유

물질이 전부라는 개념은 매우 흔하다. 보고 듣고 만지고 느끼고 할 수 있는 모든 것, 나무, 돌, 쇠, 하물며 인간의 몸까지도 모두 다 물질이다. 세상을 단지 물리적 현상의 집합으로 보는 방식은 논리적으로 보일 수 있다. 살아가면서 마주치는 대부분의 현상은 실제로 확인할 수 있는 형태로 나타나기 때문이다. 문제는 모든 것을 다 물질이라는 형태로만 설명하려고 하면 결국 물질을 인식하는 자기 자신을 설명할 방법이 없다는 점이다.

  세계를 물질로 이해하다 보면 역설적으로 가장 중요한 것을 놓치게 된다. 그렇게 놓치는 건 모든 현상을 경험하고 인식하는 주체, 즉 자기 자신이다. 행복으로 비유해 보면 이해하기 쉽다. 모든 것을 물질로 설명한다면 내가 행복을 느끼는 이유는 특정한 신경 전달 물질 때문이다. 슬픔을 느끼는 이유도 뇌 속 화학 반응 때문이다. 그러나 인간이 그렇게 단순한 존재인가? 행복과 슬픔, 기쁨과 절망이라는 감정은 단순한 화학 물질의 움직임이 아니다. 만약 우리의 생각이나 느낌도 단지 뇌에서 벌어지는 화학적 반응으로만 설명될 수 있다면 한 인간의 꿈, 열정, 희망 같은 내면의 세계는 허상일 뿐이다. 결국 삶의 본질적인 의미도 사라진다.

  모든 것을 물질로 설명하면 우리는 세상을 이해할 근거를 잃어버리게 된다. 삶의 의미 역시 마찬가지다. 존재의 목적이나 의미는 물질의 움직임으로는 설명되지 않는다. 우리가 어떤 목표를 향해 나아가는 이유나 그 목표가 가치 있다고 느끼는 이유를 물리적인 현상으로만 풀어낼 수 있는가? 만약 인간의 삶이 우연한 물질의 움직임으로만 결정된다면 인간이 이루는 성취나 성공도 결국 무작위적인 사건이 된다. 인간이 무언가를 열망하거나 성취하려는 노력을 설명할 방법이 없어진다. 단지 우연히 벌어진 일에 불과할 뿐이다.

결국 모든 것을 물리적 관점에서 바라보려 하면 설명할 수 없는 수많은 모순에 빠지게 된다. 물질은 세계를 이루는 재료일 뿐, 그 재료를 인식하고 해석하고 의미를 부여하는 건 나 자신이다. 자기 자신을 생략한 세계는 논리적으로나 존재론적으로 불완전하다. 누군가를 돕고 싶어 하는 마음, 이루고 싶은 꿈을 향한 간절함, 어려움 속에서도 흔들리는 의지. 이런 내면의 가치는 측정할 수 없다. 눈에 보이지도 않는다. 하지만 우리의 삶을 움직이는 가장 근본적인 힘이다. 인생을 살아가는 동안 중요한 것은 눈에 보이는 물질 자체가 아니라, 그 물질을 바라보며 무엇을 느끼고 어떻게 생각하고 어떤 의미를 부여하는가이다.

삶이 소중한 이유는 단지 살아 있기 때문이 아니다. 삶에 의미를 찾으려 노력하고 그것을 만들어 가는 나 자신이 존재하기 때문이다. 물질이 전부라면 우리가 왜 아침에 눈을 떠야 하는지, 왜 하루를 살아가야 하는지 설명할 수 없다. 우리가 계속 살아갈 이유는 물질이 아니라 나 자신이 삶에 부여한 의미에 있다.

"현재만 사는 동물이
과거와 미래를 사는 인간보다 행복하다"

- 아르투어 쇼펜하우어 -

고통의 원인

인간은 자신이 동물보다 더 뛰어난 존재라고 자부한다. 실제로 인간은 언어와 문명을 발전시키고 과학과 기술을 통해 세상을 끊임없이 변화시켜 왔다. 하지만 이렇게 뛰어난 존재가 되어 갈수록 근본적인 의문과 마주하게 된다. 과연 동물보다 인간이 더 행복한가? 더 편안한 삶을 살고 있는가?

동물의 삶이 인간보다 고통이 더 적다. 동물의 삶은 끊임없는 현재의 연속이기 때문이다. 역설적으로 더 발전된 인식과 지성을 가진 인간이 더 큰 고통을 겪을 수밖에 없다. 그 이유는 인간의 의식이 과거와 미래를 인식하기 때문이다. 인간은 과거에 대한 후회와 미래에 대한 걱정을 안고 살아간다. 지나간 실수와 놓친 기회를 끊임없이 떠올리며 자신을 괴롭히고 아직 오지 않은 미래의 불확실성을 미리 상상하여 불안에 빠진다. 하지만 동물은 이런 고민이 없다. 과거를 떠올리지도 않고 미래를 걱정하지도 않는다. 지금 눈앞에 있는 순간을 오로지 그 자체로 살아갈 뿐이다. 이런 점 때문에 역설적으로 높은 지능과 의식으로 인간이 더 큰 고통을 겪게 되는 것이다.

행복과 불행은 결국 현재에 얼마나 집중할 수 있느냐에 따라 결정된다. 인간은 과거의 기억과 미래의 가능성을 끌어안고 살아가기에 동물보다 훨씬 깊고 풍부한 경험을 할 수 있다. 하지만 바로 이 점 때문에 인간은 동물이 경험하지 않는 엄청난 고민과 불안에 노출된다. 더 나은 무언가를 기대하거나 이미 지나간 일에 대해 후회하고 자책한다. 반면 동물은 현실의 경계선을 넘지 않고 매 순간을 온전히 받아들인다. 만족을 얻기 위한 조건이 훨씬 낮으며 삶의 기쁨을 얻기 위한 장벽도 낮다.

결국 삶의 만족도는 내가 가진 지식이나 의식의 수준과는 반비례할 수 있다. 많이 알면 알수록 더 고민하게 되고 더 많이 생각하면 할수록 삶의 단순한 기쁨을 느끼기 어려워진다. 동물은 자신의 한계를 알지 못하며 그저 눈앞의 현실을 단순하게 받아들이기에 행복할 수 있다. 인간이 겪는 고통과 고민의 대부분은 이미 지나간 과거와 아직 오지 않은 미래에 있다. 현재의 순간만이 진짜로 존재하는 것임에도 불구하고 과거와 미래를 실재하는 것으로 받아들여 끊임없이 스스로를 괴롭힌다. 과거와 미래를 떠나 현재 순간에 온전히 몰입할 수 있다면 인간의 고통 중 상당 부분은 즉시 사라지게 된다. 현재는 늘 그 자체로 온전하고 완벽한 것이기 때문이다. 삶이 괴로운 이유는 현재를 벗어나 있는 나의 생각 때문이다.

때로는 동물에게도 배울 필요가 있다. 더 많은 지식과 더 넓은 의식을 추구하는 것이 아니라 현재를 있는 그대로 받아들이고 지금, 이 순간을 온전히 살아가는 지혜가 필요하다. 삶의 본질은 언제나 지금, 이 순간에 있다. 더 나은 미래를 위해 현재를 지나치게 희생하지 말 것. 이미 지나간 과거 때문에 현재를 망치지 말 것. 삶을 제대로 살기 위해서는 이 두 가지를 피해야 한다. 인간은 가장 똑똑한 존재이면서도 가장 어리석은 존재일 수 있다. 진정으로 행복해지려면 삶을 가장 단순한 형태로 이해하고 현재를 온전히 받아들이는 법을 배워야 한다. 현재를 놓치면 삶 자체를 놓치게 된다.

53

"이미 답이 있지만
질문을 몰라서 헤맨다"

- 아르투어 쇼펜하우어 -

돌과 부싯돌

사람들은 지식을 외부에서 얻는 것이라고 생각한다. 새로운 정보에 접근하고 책을 읽고 무언가를 얻는 과정을 거쳐야만 자신의 지식이 확장된다고 믿는다. 지식이란 외부에서 얻은 새로운 것이 아니다. 오히려 우리 안에 잠재적으로 존재하고 있는 것이 지식이다. 이미 알고 있지만 스스로 명확히 인식하지 못하는 지식이 내면에 숨어 있다.

명확하게 자각하지 못했던 것일 뿐이다. 이미 가지고 있으나 명시적으로 드러나지 않는다면 실질적인 힘을 발휘하지 못한다. 예를 들어 자신이 무엇을 원하는지 몰라 방황하는 사람이 있다고 하자. 그는 자신이 원하는 것이 무엇인지 모른다고 느끼지만 실제로는 이미 내면 깊숙한 곳에 자신의 욕구, 열망이 숨어 있다. 단지 그것을 명확하게 드러낼 적절한 질문을 던지지 못하고 있기 때문에 방황하고 있을 뿐이다. 어느 날 어떤 계기나 사건을 통해 갑작스럽게 자신의 진짜 욕망을 깨닫게 됐을 때 마치 새로운 사실을 깨달은 것처럼 기뻐한다. 그러나 이 기쁨은 새로운 것을 얻어서가 아니라 자신의 내면에 있던 잠재적 지식을 명확하게 인식하게 되었기 때문에 생기는 기쁨이다.

 오랫동안 내 안에 쌓여 있던 지식이 드러나는 과정은 무의식적이다. 우연적이다. 오랫동안 두 가지 생각이 서로 별개로 존재하다가 어떤 순간에 결합하면 이전까지는 전혀 깨닫지 못했던 새로운 결론이 번뜩인다. 마치 불꽃이 돌과 부싯돌이 부딪힐 때만 일어나는 것처럼 적절한 질문을 만났을 때 숨겨진 지식과 마주한다. 삶의 문제를 해결하기 위해 바깥을 향해 답을 찾아 헤매기보다는 이미 가지고 있지만 드러나지 않는 내면의 지식을 발견하는 일이 훨씬 중요하다. 끊임없이 새로운 지식을 습득하는 것이 아니라 이미 내 안에 숨어 있는 정답을 찾기 위해 올바른 질문을 던지는 것이다.

이미 가지고 있는 것을 제대로 보지 못한다면 마치 보물을 가지고도 가난하게 살아가는 것과 같다. 이미 모든 해답은 내 안에 존재하고 있다. 단지, 질문을 던질 줄 몰라 지금까지 헤매고 있을 뿐이다.

54

"생각을 연결하는 방식이
한 사람의 지적 수준을 결정한다"

- 아르투어 쇼펜하우어 -

사고의 연결 방식

인간이 절대 버릴 수 없는 것이 있다. 바로 생각이다. 우리의 마음은 끊임없이 무언가를 떠올리고 또 다른 생각을 이어 간다. 생각이야말로 인간을 구성하는 중요한 요소 중 하나다. 다시 말하자면 타인의 생각을 보면 그 사람의 지적 능력을 알 수 있다는 뜻이다. 생각의 연상 방식은 크게 세 가지가 있다. 논리적으로 앞선 생각에서 뒤따라오는 생각을 이끌어 내는 방식, 유사성과 은유를 통해 연결하는 방식, 단지 시각적 또는 공간적으로 인접한 이유만으로 연상하는 방식이다.

이 세 가지 연결 방식 중 어떤 방식을 주로 사용하는지에 따라 한 사람의 지적인 품격이 드러난다. 깊이 있고 사려 깊은 사람이라면 대체로 논리적이고 인과적인 사고를 펼쳐 나간다. 그들은 하나의 생각이 왜 다른 생각을 필연적으로 이끄는지 명확히 파악한다. 혼란이나 모순 없이 명료하게 사고한다. 반면 창의적이고 기발하며 시적인 감성을 가진 사람은 유사성과 은유를 통해 생각을 연결한다. 그들은 겉보기에 관련 없어 보이는 것들 사이에서 기발한 통찰과 아이디어를 이끌어 낸다. 제한된 사고력을 가진 사람은 주로 시간, 공간적인 인접성만으로 생각을 연결한다. 표면적이고 단순한 사고의 연결 방식으로 깊이 있는 통찰이나 명확한 결론에 도달하기는 어렵다.

예컨대 세 사람이 같은 풍경을 바라보고 있다고 하자. 논리적이고 사려 깊은 사람은 풍경을 보고 자연의 법칙, 존재의 원리, 역사적 과정 같은 것을 떠올릴 것이다. 창의적이고

시적인 사람이라면 풍경과 닮은 정서적 경험을 연결해 자신만의 이야기를 만들어 나갈 것이다. 반면 생각이 제한적인 사람은 그 풍경에서 보이는 단순한 특징으로 단조로운 사고를 이어 갈 것이다. 이처럼 생각의 연결 방식을 통해 개인의 지적 깊이는 명백하게 드러난다.

문제는 사고의 연결 방식을 쉽게 바꿀 수 없다는 점이다. 사람은 각자 익숙한 방식대로 생각을 이어 나가며 습관적으로 비슷한 방식만 반복한다. 따라서 지적 능력을 발전시키고자 한다면 자신의 생각이 어떻게 이어지는지 살펴보고 그것을 개선하는 일부터 시작해야 한다. 논리적 사고가 부족한 사람은 차근차근 인과관계를 짚어 가며 생각하는 훈련을 해야 한다. 창의성이 부족한 사람은 다양한 분야와 주제 사이에서 새로운 유사성을 발견하려는 노력이 필요하다.

이러한 연상의 훈련이 중요한 이유는 생각의 방식에서 벗어나지 않으면 똑같은 결론과 아이디어만 계속 반복하게 되기 때문이다. 제한적인 사고를 가진 사람은 끊임없이 얕은 사고를 반복한다. 논리적 또는 창의적인 사고방식으로 전환하지 않는 한 자신이 가진 지적 잠재력을 발휘할 수 없다. 우리의 지적 수준은 기억하는 정보의 양이나 지식의 양보다는 생각과 생각 사이를 연결하는 방식에 의해 결정된다. 깊이 있는 사고를 원한다면 나의 생각과 생각이 어떻게 연결되어 있는지를 확인해야 한다. 내가 생각을 어떻게 연결하는지를 잘 살펴보라. 그것이 곧 자신의 정신이 닿을 수 있는 한계이며 동시에 더 넓은 세상을 향해 나아갈 수 있는 유일한 열쇠이기 때문이다.

55

"너무 오래 생각하면
오히려 흐릿해진다"

- 아르투어 쇼펜하우어 -

깊이의 착각

해결해야 하는 문제가 있다. 아무리 생각해도 풀리지 않는 고민이 있다. 이럴 때 어떻게 하겠는가? 대부분 집중해서 오랜 시간 매달리는 선택을 내릴 것이다. 하나의 생각에 오랜 시간 매달릴수록 더 좋은 결과가 나올 거라고 기대한다. 그러나 현실은 그렇게 단순하지 않다. 사고는 무작정 밀어붙인다고 선명해지지 않는다. 오히려 반대로 하나의 생각에 지나치게 몰두할 경우 정신은 점차 혼란과 무기력 상태에 빠지게 된다. 마치 한곳을 오래 응시하면 시야가 흐려지는 것과 비슷하다. 처음에는 분명히 보였던 윤곽이 점점 뿌옇게 번지고 아무것도 제대로 볼 수 없게 되는 것이다.

처음에는 분명했던 것도 답을 찾기 위해 집요하게 매달리면 선명함을 잃는다. 오히려 처음보다 더 복잡하고 혼란스러워진다. 이는 인간의 정신이 오랜 집중을 견딜 수 없도록 설계되어 있기 때문이다. 생각의 흐름은 언제나 끊임없이 움직이는 물결과 같다. 하나의 주제에 지나치게 오래 붙잡혀 있으면 결국 정체되어 앞으로 나아가지 못한다. 마치 물이 오랫동안 고여 썩어 가는 것과 비슷하다. 신선함을 잃고 더는 올바른 방향을 가리키지 못한다. 감정도 비슷하다. 내가 어떤 감정 하나에 매몰되어 있으면 그 감정만 느껴진다. 만약 마음에 화가 가득한 사람이라면 세상이 어떻게 보이겠는가? 온통 소음과 스트레스로 다가올 것이다. 마음에 아름다움이 가득 담겨 있는 사람이라면 세상이 어떻게 보이겠는가? 온통 아름답게 보일 것이다. 인간은 하나에 집중하면 집중할수록 오히려 다른 것을 보지 못한다. 화가 많은 사람은 화날 일만 보인다.

우리가 해야 하는 일은 단순히 더 오래 붙잡는 것이 아니다. 잠시 그 생각에서 빠져나오는 것이다. 그 감정에서 잠시 벗어나는 것이다. 문제에서 벗어나 새로운 것을 경험하고 다른 것을 느껴 보는 것이 필요하다. 화가 난 상태에서 계속 나를 화나게 하는 것과 같이 있는 선택을 하지 않아야 한다. 때로는 산책을 하거나 책을 읽거나 전혀 다른 일을 해야 한다. 그렇게 잠시라도 다른 세상으로 이동하면 그동안 보이지 않았던 새로운 관점이 보인다. 신선한 시선이 생긴다. 그제야 비로소 원래의 고민으로 다시 돌아왔을 때 명쾌한 통찰이 떠오른다. 감정은 줄어들어 있고 상황은 더 나아져 있다.

우리의 생각도 결국 땅과 같다. 같은 땅에서 계속 같은 작물만 심으면 땅은 황폐해진다. 마음도 마찬가지다. 계속 같은 생각, 같은 고민에만 집착하면 황폐해진다. 어떤 문제를 풀어야 한다면 끈질기게 매달리는 것도 중요하지만 때로는 한 걸음 물러서는 용기가 필요하다. 너무 가까이 있으면 눈앞에 있는 것만 보이고 진짜 중요한 것을 보지 못한다. 결국 좋은 사고, 명확한 판단력, 기분 관리 같은 것은 잠시 멈추고 벗어나야 찾아온다. 쉬지 않고 몰아붙이는 것만으로는 절대 얻을 수 없다. 삶의 지혜는 잠시 멈추는 데 있다.

56

"삶의 중심축을
자기 안에 두라"

- 아르투어 쇼펜하우어 -

삶의 중심축

세상에 있는 그 무엇도 쉽게 변한다. 영원할 것 같았던 관계도 소원해지기 마련이고, 영원할 것 같았던 부와 명성도 하루아침에 사라지는 것이 삶이다. 나 자신도 변한다. 어제는 이것이 옳다고 생각했다가 내일은 다른 것이 옳다고 생각할 수도 있다. 하지만 우리가 통제할 수 있는 건 외부가 아니라 내부다.

외부 환경은 내가 통제할 수 없는 일이 대부분이다. 환경은 늘 변하기 때문이다. 그것도 아주 빠른 속도로 아무런 신호도 주지 않고 변하는 경우가 대부분이다. 외부의 변화를 막으려 애쓰는 것은 허무한 노력일 뿐이다. 우리가 해야 하는 일은 변화 속에서 흔들리지 않는 자신을 구축하는 것이다. 스스로의 내면에 집중하면 외부 변화에 덜 영향을 받는다. 내적 평온을 유지하는 사람은 외부의 불확실성이 삶을 흔들지 못한다. 자신의 가치를 내면에서 찾을 수 있는 사람은 진정한 자유를 경험하게 된다.

사람의 마음도 물질적 풍요도 시간과 함께 변하고 소멸한다. 인간은 삶에서 확실한 무언가를 붙잡으려고 하지만 그런 시도 자체가 실패를 담보한 노력이다. 세상의 본질은 끊임없는 변화다.

이 개념을 행복에 적용해 보면 어떻게 살아야 하는가에 대한 명확한 대답을 얻을 수 있다. 행복의 조건은 외부가 아니라 자기 자신의 내부에 있다. 변덕스러운 외부에 행복을 걸어 두면 행복은 결코 안정되지 못하고 항상 위태롭다. 외부의 인정과 찬사는 언제나 쉽게 사라진다. 명성과 부 역시 언제든 무너질 가능성을 품고 있다. 오직 자기 자신에게 중심을 두는 사람만이 이런 변화 속에서도 견고히 서 있을 수 있다. 외부에서 주어지는 것은 외부 환경에 의해 사라질 수 있지만, 내 안에 있는 것은 내가 스스로 놓지 않는 한 절대 사라지지 않기 때문이다. 외부의 평가는 바뀌어도 내면의 가치는 바뀌지 않는다. 아무리 세상이 변하고 가치가 흔들려도 자신의 본질적 가치는 그대로인 것이다.

삶이 괴로운가? 내가 어디에 초점을 두고 살았는지 돌아볼 때다. 쉽게 사라지고 변하는 것들에 중심을 두고 살면 삶이 흔들린다. 아주 미세하게 흔들릴지라도 계속해서 흔들리면 삶이 괴롭다. 나도 모르는 사이에 인생이 괴로워지고 있는 것은 내가 외부에 중심을 두었기 때문이다. 모든 것이 변하는 세상에서 그래도 내가 붙잡을 수 있는 것은 나의 내면이다. 인생의 중심축을 내 안에 두어야 한다.

57

"우울은 매력적이지만
불쾌함은 혐오스럽다"

- 아르투어 쇼펜하우어 -

우울과 불쾌함의 차이

우울함과 불쾌함의 차이를 알고 있는가? 사람들은 흔히 우울함을 단순히 기분이 나쁜 상태라고 생각한다. 하지만 엄연히 다르다. 우울함이란 내면의 깊이에서 솟아나는 정서적 반항이라면, 기분이 나쁜 상태는 일시적인 불쾌감이다. 전자는 오히려 사람을 끌어당기는 매력을 지니지만, 후자는 타인을 밀어내는 힘을 갖고 있다.

우울함이 매력적이라는 말을 들으면 이상하게 느껴질 수도 있다. 하지만 우울은 그 본질상 삶에 대한 섬세한 감각에서 비롯된다. 깊은 자기 성찰에서도 기인한다. 우울한 사람은 세계를 깊이 바라보고 그 안에서 수많은 복잡한 감정과 생각을 조용히 숙고한다. 그는 외부 자극에 민감하게 반응하며, 모든 것을 표면적으로 받아들이기보다는 내면에서 끊임없이 곱씹는다. 이 때문에 우울한 사람은 종종 풍부한 감정과 깊은 이해력을 지닌다. 그것이 사람들에게 미묘한 매력과 호기심을 자아내는 것이다. 마치 흐린 날의 풍경처럼 고요한 슬픔 속에 아름다움을 품고 있다.

반면 단순히 기분이 나쁜 상태는 전혀 다른 성질이다. 그것은 일상에서 겪는 사소한 좌절, 짜증에서 비롯된 지극히 표면적인 정서 상태다. 기분이 나쁜 사람은 주변의 모든 것을 부정적으로 받아들이며, 그 부정적인 정서를 타인에게 쉽게 전달한다. 그래서 기분이 나쁜 사람과 함께 있으면 불쾌감을 느끼기 마련이다. 그의 말 한마디, 표정 하나, 행동 하나하나에서 냉랭하고 퉁명스러운 감정이 묻어나오기 때문이다. 이런 사람은 주변 사람들에게 무의식적으로도 피하고 싶은 존재가 된다.

그러나 이 두 상태를 더욱 극명히 구분 짓는 중요한 지점은, 우울함은 사람을 내면 깊은 곳으로 끌어들여 자신을 다시 바라보게 만드는 반면, 기분이 나쁜 상태는 그저 현실의 사소한 불편함에 사로잡혀 좁은 시야에 갇히게 된다는 점이다. 이러한 차이를 한 가지 비유로 설명하자면, 우울함은 마치 깊고 잔잔한 호수와 같다. 그 표면은 고요하고 평화로워 보이지만, 물 아래에는 셀 수 없이 많은 감정과 생각이 서서히 흐르고 있다. 이 호수는 깊을수록 그 안에서 수많은 보물과 깨달음을 품고 있다. 하지만 기분이 나쁜 상태는 마치 탁한 웅덩이와 같다. 이 웅덩이의 물은 얕고 혼탁하며, 단지 그 안에서 혼란만을 발견할 수 있다. 이 웅덩이는 아무리 들여다보아도 내적 성장이나 깨달음을 가져다주지 않는다. 오히려 이 혼탁한 물을 바라보면 볼수록 자신의 감정만 더욱 혼란스럽고 짜증스러워질 뿐이다.

우울함과 기분이 나쁜 상태를 명확히 구분할 필요가 있다. 기분이 나쁜 상태는 즉각적인 외부 요인에서 기인하는 불쾌한 감정이니 금방 털어버릴수록 좋다. 하지만 우울함은 우리에게 의미 있는 신호일 수 있다. 내면에서 우리가 아직 마주하지 않은 질문과 고민을 품고 있다는 뜻일 수 있기 때문이다. 그 감정 앞에서 회피하지 말고 오히려 깊이를 탐색하며 자신을 새롭게 바라보는 계기로 삼아야 한다. 우울함은 불행이 아니라 삶의 또 다른 깊이 있는 방식이다. 자아를 비추는 내면의 거울이다. 기분이 나쁜 상태는 그저 불편함을 표출하는 표면적 소음일 뿐이다. 이 둘을 혼동하지 말고 자신의 감정을 명확히 구분 지어야 한다. 우울함은 더욱 풍성한 인간으로 만들지만, 기분이 나쁜 상태는 사소한 불만의 늪에 가두어둘 뿐이다. 기분이 좋지 않은가? 불쾌함인가, 우울인가? 이 질문에 답을 할 수 있어야 한다. 불쾌함이라면 얼른 떨쳐버려라. 우울함이라면 환대하라. 당신이 더 깊어질 수 있다는 신호다.

58

"세상의 한계는
내 시야의 한계다"

- 아르투어 쇼펜하우어 -

인지적 편향

인간 내면에는 항상 자신의 결정을 뒤집고, 자신의 판단을 의심하며 비판하는 존재가 있다. 나는 이것을 '내적 반대자'라고 부른다. 어떤 중요한 선택을 내릴 때마다, 심지어 그 선택을 충분히 고민하고 숙고한 후에도 이 내적 반대자는 반드시 나타난다. 내 결정을 끊임없이 흔들고, 비판하고, 재점검하도록 만든다.

이 내적 반대자의 실체는 결국 내 인식의 한계다. 세상은 내가 가진 시야만큼 보이기 때문이다. 인간은 결코 완벽한 시야를 가질 수 없지만, 사람마다 자신이 이해하고 있는 세상의 크기는 다 다르다. 자신이 보는 세상을 전부라고 믿지만, 실제로는 아주 제한된 영역밖에 보지 못한다. 모든 결정은 이 좁은 시야에서 비롯되며, 그렇기에 언제나 편협할 수밖에 없다. 이것이 바로 내적 반대자가 존재하는 근본적인 이유다.

처음에는 이 내적 반대자가 마치 나를 방해하는 존재처럼 느껴진다. 하지만 오히려 좁은 시야 너머에 무엇인가 더 있을지 모른다는 가능성을 지속적으로 상기시켜 주는 존재다. 다른 각도에서 관점을 제시하며, 스스로 내린 판단이 결코 완벽할 수 없다는 점을 강조한다. 그러기 위해서는 이 내적 반대자의 존재를 받아들여야 한다. 단순히 내가 내린 결정이기 때문에 무조건 옳다고 생각해서는 안 된다. 내가 알고 있는 것이 전부라고 생각해서도 안 된다. 자신의 결정에 대한 무조건적인 확신을 버릴 때, 좀 더 현명한 판단을 내릴 수 있다.

스스로의 한계를 명확히 아는 사람, 즉 내적 반대자의 존재를 인정하는 사람은 자신의 선택이 불완전할 수밖에 없음을 인정한다. 자신이 보는 세상이 전부가 아니라는 것을 알기 때문에, 자신이 미처 보지 못한 부분을 항상 염두에 둔다. 언제나 다른 사람의 의견을 경청하며, 자신과 다른 생각을 가진 이들에게도 귀를 기울일 준비가 되어 있다. 하지만 여기서 주의해야 할 점이 있다. 모든 관점이 동등한 가치를 지니는 것은 아니며, 모든 의심이 타당한 것도 아니라는 사실이다. 무조건적인 회의주의에 빠져 모든 판단을 멈추는 것은 오히려 또 다른 위험을 만든다. 시야의 한계를 인정한다고 해서 판단을 아예 유보하거나, 결정을 무한정 미룰 수는 없다. 삶은 끊임없이 우리에게 결단을 요구하기 때문이다.

우리가 추구해야 할 것은 균형이다. 자신의 생각과 결정을 과신하지 않으면서도, 무한한 의심과 불확실성에 빠지지 않아야만 한다. 자신의 생각을 과신하면 독단에 빠져 잘못된 결정을 내리고, 무한한 의심에 빠지면 그 어떤 일도 할 수가 없다. 내 판단이 항상 최선은 아닐 수 있다는 가능성을 열어두는 것이다. 내가 볼 수 없는 세계가 언제나 존재한다는 것을 기억할 때, 인간은 겸손해진다. 더 나은 판단을 하기 위해 노력하라. 노력만큼 삶이 더 현명해진다.

"인생의 본질은 근본적으로
실망과 환멸이다"

- 아르투어 쇼펜하우어 -

현실과 꿈의 격차

삶을 살다 보면 젊은 시절의 꿈과 희망을 가슴에 품고 미래를 향해 달려가는 시기가 있다. 그때는 세상이 마치 우리를 위해 준비된 무대처럼 보인다. 가능성은 끝없이 펼쳐져 있으며, 삶은 장밋빛 미래로 가득 차 있다. 하지만 시간이 흐르고 세월이 쌓여 노년에 이르렀을 때, 오래전 함께 청춘을 나눈 친구를 다시 만난다면 우리는 어떤 감정을 느끼게 될까?

젊은 날의 친구와 오랜 세월이 흘러 재회했을 때, 우리가 느끼는 가장 강력한 감정은 아이러니하게도 '실망'일 가능성이 크다. 그것은 단순히 친구가 변했거나 내가 변했기 때문이 아니다. 오히려 우리가 함께 꿈꾸었던 젊은 날의 그 많은 기대와 희망이 현실 앞에서 얼마나 무력하고 허망했는지를 깨닫기 때문이다. 삶은 청춘의 약속과는 달리 대부분 우리의 기대를 충분히 채워 주지 않는다.

젊음의 시절, 모든 것이 가능해 보이던 시기에 우리는 삶을 거대한 모험이자 무한한 기회의 장으로 바라본다. 하지만 실제로 삶을 살아가다 보면 우리가 품었던 이상은 점차 현실의 벽에 부딪혀 그 빛을 잃어 간다. 우리의 꿈과 희망은 사소한 현실의 장애물들 앞에서 희미해지고, 세상의 냉정한 규칙들 속에서 그 선명함을 잃어버린다.

이렇게 수많은 기대와 현실 사이의 격차를 경험하며 살아가는 우리는 어느덧 인생이란 본질적으로 실망의 연속임을 깨닫게 된다. 그래서 오랜 친구를 만났을 때도, 서로 말하지 않아도 공감하는 감정은 바로 '실망'이다. 그것은 단지 친구 개인의 삶이 실망스럽다는 뜻이 아니라, 인생 자체가 그 수많은 약속과 기대를 지켜 내지 못한 채 지나갔음을 의미한다.

하지만 이 실망의 감정은 단순히 비관적이거나 부정적인 것만은 아니다. 오히려 그것은 우리에게 삶의 본질을 있는 그대로 받아들이고 이해할 수 있게 하는 힘을 준다. 실망을 통해 우리는 현실의 무게와 깊이를 배우고 삶이 가진 본질적 모습을 직면할 용기를 얻는다. 인생은 완벽한 행복이나 영원한 만족을 주지 않는다는 사실을 깨닫는 순간, 우리는 오히려 더 깊은 삶의 의미와 가치를 찾아 나설 수 있게 된다.

노년에 마주하는 삶에 대한 실망은 우리에게 인생의 참된 의미를 가르쳐 주는 가장 값진 깨달음이다. 젊은 시절의 무한한 기대가 비록 현실의 장벽 앞에서 무너졌을지라도, 그 빈자리에는 오히려 인생의 진정한 가치와 성숙한 이해가 자리 잡게 된다. 실망은 우리를 비관으로 이끄는 것이 아니라 삶의 한계를 받아들이고 그 안에서 의미를 찾도록 도와준다. 결국 삶의 진정한 아름다움과 깊이는 완벽하게 충족된 기대에서 오는 것이 아니라, 실망 속에서도 삶을 온전히 바라보고 수용하는 용기에서 비롯되는 것이다.

"하루가 지날 때마다
인생이라는 재산은 하루씩 줄어든다"

- 아르투어 쇼펜하우어 -

삶의 영원함

내일은 오늘처럼 당연히 올 것이다. 다음 해는 어김없이 올해처럼 돌아올 것이다. 사람들은 삶이 영원할 거라고 믿는다. 그래서 오늘 하루를 값없이 낭비하기도 하고 작은 불편이나 피로에 쉽게 짜증을 낸다. 그러나 진정으로 무서운 진실은 삶이 무한히 솟는 샘이 아니라 매 순간 말라가는 유한한 존재라는 것이다.

매일 잠자리에 들 때마다 하루만큼의 생명을 소비한 뒤에 잠에 든다. 이러한 사실을 깨닫고 있는 사람은 드물다. 한 해를 살아낸 사람은 한 해만큼의 삶을 축적했다고 생각하지만 진실은 정반대다. 한 해를 더 소비한 것이다. 하루가 지나고 나면 그 하루는 두 번 다시 돌이킬 수 없다. 어떤 대가를 지불한다고 해도, 가장 지혜롭고 부유한 사람이라 할지라도 이미 지나간 어제를 오늘로 바꿀 수는 없다.

그러므로 하루를 보내는 것은 단순히 시간을 흘려보내는 것이 아니다. 내 생명의 일부를 쓰는 것과 같다. 시간이 많다고 느낄수록 사람은 그것의 가치를 잊는다. 아이러니하게도 가장 가치 있는 것을 가장 흔하다고 믿으면서 가볍게 여긴다. 사람들은 흔히 시간이 많을 때 그 시간을 어떻게든 빨리 보내려고 애쓴다. 지루함을 견디지 못해 의미 없는 일을 벌이거나 별 볼 일 없는 사람들과 억지로 만나 시간을 허비한다. 그렇게 보내는 하루는 결국 무엇인가? 무슨 의미가 있는가? 하루의 가치는 결국 죽을 때가 되어서 깨닫게 된다.

시간을 보낸다는 표현 자체가 기만적이다. 정확히 말하면 우리는 매 순간 삶을 잃고 있을 뿐이다. 우리의 생명은 절약할 수도 되찾을 수도 없다. 한 번 지나가면 사라진다. 그것이 바로 삶의 진짜 모습이며 냉정한 현실이다. 하루씩 소비되는 생명을 제대로 의식하며 살아가는 사람은 극소수에 불과하다. 그나마도 사람들은 대부분 인생의 끝자락에 와서야 그 진실을 깨닫는다. 노년이 되어서야 사람들은 시간을 금이라고 부르기 시작한다. 젊은 날의 무모함을 후회하며 이미 소비해버린 과거를 아쉬워한다. 하지만 그때는 이미 늦다. 인생의 재산 대부분이 허무하게 흩어져버린 뒤다.

모든 인간이 가진 가장 중요한 재산은 오늘이라는 하루다. 돈, 명예, 권력 같은 외적인 것들은 잃으면 언젠가 다시 얻을 수도 있지만 오늘 하루는 절대 되찾을 수 없다. 오늘을 버리면서 내일 더 나은 하루를 기대하는 것은 심각한 착각이다. 내일은 아직 오지 않았고 어쩌면 영원히 오지 않을지 모른다. 하루는 삶의 가장 작은 단위다. 하지만 동시에 삶의 본질 전체를 압축한 것과 같다. 하루를 낭비하는 것은 삶 전체를 낭비하는 것과 같다. 하루를 현명하게 쓰는 사람은 삶을 현명하게 쓰는 사람이다. 하루를 경솔하게 버리는 사람은 자신의 삶을 경솔하게 버리는 사람이다. 인생은 길지 않다. 긴 삶도 결국 짧은 하루의 총합에 불과하다. 오늘 하루를 중요하게 생각하지 않는 사람에게 인생 전체는 절대로 의미 있는 것이 될 수 없다. 우리는 하루씩 가난해지고 있으며, 결국 남아 있는 날이 더 이상 없다는 것을 깨닫는 날이 반드시 온다.

그러니 살아 있는 동안 이 사실을 잊어서는 안 된다. 오늘 하루는 우리의 생명 전부다. 오늘을 잘 쓰는 것 외에 다른 삶의 목표는 존재하지 않는다. 내일이란 존재하지 않을 수도 있는 막연한 환상일 뿐이다. 우리는 매일 밤, 잠이 들기 전에 스스로에게 이렇게 물어야 한다. "오늘 나는 내 생명이라는 재산을 도대체 어디에 썼는가?"

어느 날 문득 마지막 하루가 다가왔을 때, 뒤돌아보며 깨닫게 될 것이다. 결국 인생이란 하루하루를 어떻게 쓰고 아꼈느냐의 총합이라는 것을. 삶의 마지막 순간, 더는 내일이 없다는 걸 알았을 때 분명해진다. 당신은 얼마나 남았을지 모를 당신의 하루를 어떻게 사용하겠는가? 오늘 하루가 인생에 있어 가장 값진 재산이다.

쇼펜하우어 인생수업 II
: 한 번뿐인 삶 이렇게 살아라

ⓒ 쇼펜하우어 저 | 김지민 엮음

초판 1쇄 • 2025년 6월 13일
초판 3쇄 • 2025년 11월 13일

지은이 • 쇼펜하우어 저 | 김지민 엮음
마케팅 책임 • 염시종 | 고경표
디자인 • 김소미
펴낸곳 • 주식회사 하이스트그로우
출판등록 • 2021년 5월 21일 제2021-000019호
이메일 • highest@highestbooks.com

ISBN • 979-11-93282-24-3 (03800)

* 이 책의 판권은 지은이와 하이스트그로우에 있습니다.
* 책 내용의 전부 또는 일부를 이용하려면
  반드시 지은이와 하이스트그로우 양측의 서면 동의를 받아야 합니다.